# 高校教育体系创新性研究

郝文翠　王　旭　赵晓宇◎著

吉林出版集团股份有限公司
全国百佳图书出版单位

**图书在版编目（CIP）数据**

高校教育体系创新性研究 / 郝文翠, 王旭, 赵晓宇
著. -- 长春 : 吉林出版集团股份有限公司, 2024.7
ISBN 978-7-5731-4961-9

Ⅰ.①高… Ⅱ.①郝… ②王… ③赵… Ⅲ.①高等学
校—教学研究 Ⅳ.①G642.0

中国国家版本馆CIP数据核字(2024)第097125号

GAOXIAO JIAOYU TIXI CHUANGXINXING YANJIU

## 高校教育体系创新性研究

| | |
|---|---|
| 著　　者 | 郝文翠　王　旭　赵晓宇 |
| 责任编辑 | 杨亚仙 |
| 装帧设计 | 万典文化 |

| | |
|---|---|
| 出　　版 | 吉林出版集团股份有限公司 |
| 发　　行 | 吉林出版集团社科图书有限公司 |
| 地　　址 | 吉林省长春市南关区福祉大路　5788 号　邮编：130118 |
| 印　　刷 | 长春新华印刷集团有限公司 |
| 电　　话 | 0431-81629711（总编办） |
| 抖 音 号 | 吉林出版集团社科图书有限公司 37009026326 |

| | |
|---|---|
| 开　　本 | 710mm×1000mm　　　1/16 |
| 印　　张 | 14.5 |
| 字　　数 | 230 千字 |
| 版　　次 | 2025 年 1 月第 1 版 |
| 印　　次 | 2025 年 1 月第 1 次印刷 |

| | |
|---|---|
| 书　　号 | ISBN 978-7-5731-4961-9 |
| 定　　价 | 78.00 元 |

# PREFACE

前　言

　　高校教育体系的创新性研究是推动教育进步和社会发展的重要动力之一。这种研究聚焦于探索新的教育理念、方法和模式，以应对日益复杂和多样化的社会需求。通过探索新的教学方法和教育理念，高校能够更好地满足学生的学习需求，激发其学习兴趣和创造力。这种研究不断推动教育的进步，提升教育质量和水平。高校教育体系的创新性研究对于推动教育的进步和社会的发展具有重要作用。通过不断探索新的教育理念、方法和模式，高校能够更好地满足社会的需求，提升教育质量和水平，培养更多更优秀的人才，推动教育体系的转型升级，为社会的持续发展做出积极贡献。

　　高校教育体系需要培养适应社会发展需求的人才，而创新性研究为此提供了新的思路和方法。通过研究人才培养模式的创新，高校能够更好地培养学生的综合素质和创新能力，使其更好地适应社会的发展需要。随着科技进步和社会变革，高校教育体系也需要不断创新和调整。创新性研究不仅可以发现教育体系存在的问题和不足，还能够提出解决方案和改进措施，推动教育体系的转型升级，更好地适应社会的发展需求。

　　本书旨在对高校教育体系的创新性研究进行全面而深入的探讨。高校教育体系作为教育的核心组成部分，其质量和效能直接影响着国家的人才培养水平和国民素质提升。在当前快速发展和变革的时代背景下，高校教育体系面临着诸多挑战和机遇。因此，本书将从多个角度出发，系统地分析和研究高校教育体系的现状、问题与发展趋势，以期为高等教育改革和发展提供理论支撑和实践参考。通过对这些方面的系统研究，本书旨在为高校教育体系的创新发展提供理论支撑和实践指导，促进高等教育的质量提升和可持续发展。

　　笔者在写作本书的过程中，借鉴了许多前辈的研究成果，在此表示衷心的感谢。由于本书需要探究的层面比较深，笔者对一些相关问题的研究不透彻，加之写作时间仓促，书中难免存在一定的不妥和疏漏之处，恳请前辈、同行以及广大读者斧正。

# CONTENTS

目　录

# 第一章 高校教育体系概述

## 第一节 当前高校教育体系的主要特点

### 一、多元性

多元性体现在高校教育的学科设置上。不同高校拥有各自独特的学科设置，涵盖了文、理、工、医、经济、管理等多个领域，为学生提供了广泛的选择。例如，一些大学专注于理工科的发展，而另一些则更注重人文社科领域的探索，满足了不同学生对学科的兴趣和需求。

在教学方法上，高校呈现出了多样化和多元化的特点。传统的教学方式如课堂讲授逐渐被创新的教学模式所取代，例如问题导向学习、案例教学、实践教学等。这些不同的教学方法能够激发学生的学习兴趣，培养其创新思维和问题解决能力，使教学更加生动有趣。

在课程设置方面，高校也展现出多元化的特点。除了传统的专业课程外，许多高校还提供了丰富多彩的选修课程和跨学科课程，如艺术表演、体育健身、心理学、信息技术等。这些课程的设置旨在满足学生的个性化需求，丰富其课外生活，促进其全面发展。

不同高校拥有不同的办学理念和教育模式，体现了高校之间的多元竞争。一些高校注重学术研究和科研成果的产出，而另一些则更注重实践能力和就业竞争力的培养。这种竞争促使高校不断改进教学质量，提高办学水平，为学生提供更好的教育服务。

当前高校教育体系的多元性体现在专业、教学方法、课程设置等方面，不仅满足了不同学生群体的需求，也促进了教育资源的充分利用和共享。多元性的教育体系为每个学生提供了更广阔的发展空间，为社会培养了更具竞争力和创新能力的人才。

## 二、弹性

高校教育在课程设置方面展现了灵活性和适应性。随着社会经济的变化和科技的进步，高校必须及时调整课程设置，确保教育内容与时俱进，符合社会需求。例如，新兴的信息技术、人工智能等领域的迅速发展，促使高校增设相关课程，以培养适应未来社会发展需求的专业人才。在教学方法上，高校教育是灵活的。教学方法的选择应该与学科特点、学生需求以及社会发展紧密相连。因此，高校需要不断尝试新的教学模式和方法，以提高教学效果。例如，结合在线教育、实践教学和远程教育等多种方式，创新教学方法，使教学更加生动、互动和有效。

高校教育体系在管理制度上也表现出一定的弹性。随着高校规模的扩大和办学条件的改善，管理体制需要不断优化和完善，以适应现代高等教育的发展需要。例如，高校可以引入灵活的管理机制，赋予教师更多的教学自主权和管理权，激发其教学创新和热情，提高教学质量。高校教育体系的弹性体现在课程设置、教学方法和管理制度等方面。这种弹性使高校教育能够及时调整和适应社会的发展需求，保持教育的前沿性和创新性，为培养适应社会发展需要的优秀人才提供了保障。

## 三、开放性

随着全球化进程的加速，高校之间的国际交流与合作呈现出日益频繁的趋势。各种形式的国际交流项目和合作机会不断增加，例如学生交换计划、教师互访项目、合作研究等。这种开放性不仅丰富了学校的教育资源，也为学生和教师提供了广阔的发展平台，促进了不同国家、不同文化背景之间的交流与合作。

高校教育越来越注重引进国外先进的教育理念和教学资源，以丰富教育内容和提升教育水平。通过引进国外优秀教学团队、合作办学项目、引进先进的教学技术和设备等方式，高校不断吸纳国际先进的教育资源，使教育更加国际化、多元化和前沿化。这种开放性促进了高校教育的创新与发展，培养了具有国际视野和竞争力的人才。高校教育的开放性还体现在学科交叉与跨界合作上。随着科技进步和知识更新的速度加快，学科交叉和跨界合作日益普遍。不同学科之间的交叉合作不仅推动了学科的发展，还为学生提供了更广泛的学习和研究机会。例如，工程技术与艺术设计的结合、医学与工程的交叉研究等，都展现了高校教育的开放性和创新性。

高校教育体系的开放性体现在国际交流与合作、引进国外教育资源、学科交叉与跨界合作等多个方面。这种开放性不仅促进了高校教育的国际化和创新化，也为培养具有全球视野和综合素养的人才提供了重要保障。

## 四、适应性

适应性是当前高校教育体系的另一个显著特点，高校教育体系在课程设置方面展现出了强大的适应能力。随着社会的快速变化和经济的不断发展，新兴行业和领域不断涌现，高校必须及时调整课程设置，确保教育内容与社会需求保持一致。例如，在人工智能、大数据、生物科技等领域的快速发展下，高校纷纷增设相关课程，以培养适应未来社会发展需要的专业人才。

高校教育不断创新和改进，以适应学生的学习需求和社会的变化。传统的教学模式逐渐被创新的教学方法所取代，例如问题解决式教学、项目驱动式学习、实践教学等。这些新的教学方法注重培养学生的实践能力、创新能力和团队合作精神，有助于学生更好地适应未来职场的需求。

在教学资源的配置和利用上，高校也不断进行调整和改进，以适应时代的变化。例如，引进先进的教学设备和技术，建设现代化的教学实验室和实训基地，积极开展在线教育和远程教育，以满足学生多样化的学习需求和方式选择。这种教学资源的更新和优化有助于提升教育质量和水平，使高校教育更加符合时代发展的要求。

当前高校教育体系的适应性体现在课程设置、教学方法和教学资源等方面。高校教育不断创新和改进，以适应社会的变化和学生的需求，为培养适应未来社会发展需要的优秀人才提供了重要保障。

## 五、国际性

国际性是当前高校教育体系的一个显著特点。随着全球化进程的不断加速，高校之间的国际交流与合作日益密切。各种形式的国际合作项目和交流活动不断增加，涵盖了学生交换计划、双学位项目、联合研究等多种形式。这种国际交流与合作促进了不同国家、不同文化背景之间的相互理解与交流，丰富了学校的教育资源，也为学生提供了更广阔的学习与发展平台。

在教育内容和教学方法上，高校积极引进国际先进的教育理念和教学资源，注重培养学生的外语能力、跨文化交流能力和国际竞争力。例如，开设国际化课程、组织国际交流活动、邀请国际知名学者授课等，促进学生的国际化素养和综合能力的提升。另外，高校还积极参与国际性的教育评估和认证，提升学校的国际声誉和竞争力。通过国际认证和评估，高校能够对接国际教育标准，提高教育质量和水平，为学生提供更具国际竞争力的教育服务。

当前，高校教育体系的国际性体现在国际交流与合作的密切程度、对国际化人才培养的重视以及参与国际性教育评估和认证等方面。这种国际性不仅拓展了学校的国际影响力，也为学生的全球视野和国际竞争力的提升提供了重要支持。

# 第二节　国际比较视角下的高校教育体系分析

## 一、学科设置与专业结构

学科设置与专业结构是各国高校教育体系中的重要组成部分，其差异性反映了不同国家或地区在教育发展方向上的偏好和重点。首先，美国的高校教育以其丰富的文理学科体系而闻名。在美国的大学中，学生有广泛的选择，可以选择从文学、历史、社会科学到自然科学等各种学科进行学习。这种文理学科体系注重培养学生的综合能力和批判性思维，强调广泛的教育背景和跨学科的学习体验。

相比之下，中国的高校教育更加倾向于发展应用型专业和新兴学科。随着中国经济的迅速发展和产业的升级转型，工程技术、信息技术等应用型专业成为高校教育的重点发展方向。此外，新兴学科如人工智能、大数据、生物科技等也受到了越来越多的重视和投入。这种倾向反映了中国高校教育体系在服务于国家经济建设和社会发展方面的职责和使命。

除了美国和中国外，其他国家或地区的高校教育体系也呈现出各自的特点和发展方向。例如，欧洲国家的高校教育体系注重提供全面的人文教育，强调学生的人文素养和社会责任感；日本的高校教育体系注重培养学生的专业技能和实践能力，强调对社会的贡献和实际应用。

不同国家或地区的高校教育体系在学科设置和专业结构上存在着明显的差异。这种差异反映了各国在教育理念、经济发展阶段和社会需求的不同，同时也丰富了全球高等教育的多样性和发展动力。

## 二、教学方法与教育理念

教学方法与教育理念在不同国家或地区的高校教育体系中展现出显著的差异，这反映了各国在教育理念和教学实践上的不同偏好和重点。一些国家更倾向于采用探究式学习、项目驱动学习等创新型教学方法。这种教学方法强调学生的主动参与和实践探索，鼓励学生通过解决问题和开展项目来获取知识和技能。例如，芬兰的教育体系就以其开放式、探究式的教学方法而闻名，教师扮演的是引导者和指导者的角色，鼓励学生独立思考和合作学习，培养学生的创造力和批判性思维。

一些国家则更注重传统的讲授式教学，强调学生对知识的掌握和理解。在这种教学模式下，教师在课堂上扮演主导角色，通过讲解和演示向学生传授知识。例如，中国的高校教育体系普遍采用较为传统的教学方法，教师通常会以讲授为主，注重学生对基础知识的掌握和应用。这种教学方法强调基础知识的扎实性和系统性，有助于学生建立坚实的学科基础。

除了教学方法的差异外，不同国家或地区的高校教育还体现出不同的教育理念。一些国家更注重培养学生的综合素质和社会责任感，强调学生的个性发展和自主学习能力。例如，荷兰的高校教育体系注重培养学生的创新精神和批判性思维，强调学生在学习过程中的自主性和探究性。而另一些国家则更注重培养学生的专业技能和实践能力，强调学生在就业市场上的竞争力和适应性。

教学方法与教育理念在不同国家或地区的高校教育体系中存在着显著的差异。这种差异反映了各国在教育发展方向、教育目标和教学实践上的不同偏好和重点，丰富了全球高等教育的多样性和发展动力。

## 三、学术研究与科研成果

学术研究与科研成果在不同国家或地区的高校教育体系中展现出明显的差异，这反映了各国在科研发展战略、投入方向和成果转化上的不同偏好和重点。首先，一些国家的高校更注重学术研究的深度和广度。美国高校以其丰富的研究资源、先进的科研设施和灵活的研究环境而著称，吸引了世界各地的顶尖科学家和研究人才。这些高校在各个学科领域都有着丰富的研究成果，涵盖了自然科学、社会科学、工程技术等多个领域，为全球科研进步做出了重要贡献。

德国的高校在应用科学研究方面表现突出。德国高校与工业界的紧密合作，使得其在技术创新和工程技术领域有着显著的优势。德国高校的科研成果通常直接服务于工业生产和社会发展，注重将研究成果转化为实际生产力。这种技术创新和产业应用的导向，使得德国高校在一些应用科学领域具有很高的国际影响力。

除了美国和德国外，其他国家或地区的高校教育体系也展现出各自的特色和优势。例如，英国的高校在人文社科领域的学术研究方面较为突出，其优质的教学与研究环境吸引了全球优秀学者和研究人才。日本的高校在科技创新和跨学科研究方面表现出色，其在工程技术、材料科学等领域有着重要的科研成果。

学术研究与科研成果在不同国家或地区的高校教育体系中呈现出不同的特色和优势。这种差异反映了各国在科研发展战略、投入方向和成果转化上的不同偏好和重点，也丰富了全球高等教育的多样性和发展动力。

## 四、国际化水平与国际合作

国际化水平与国际合作是评价各国高校教育体系的重要指标，它们反映了高校在国际舞台上的地位、影响力以及对全球化趋势的响应程度。一些国家的高校更加开放和国际化。例如，英国的牛津大学、剑桥大学等享有盛誉的高校积极参与国际学术交流和合作项目。这些高校拥有国际一流的师资力量和研究资源，与世界各地的学术机构和企业建立了广泛的合作关系。通过国际化的教学与研究活动，不仅提升了自身的学术水平和声誉，也为本国的学生和研究人员提供了丰富的国际交流平台，促进了全球科研和教育的共同发展。

相比之下，一些国家的高校可能在国际合作方面较为保守，更注重本土教育和科研。这些高校可能受制于国内政策、文化传统或者资源限制等因素，对于国际合作采取谨慎态度。这种保守的国际合作策略可能会影响到高校的国际声誉和影响力。然而，随着全球化的推进和国际合作的日益重要，这些高校也在逐渐调整自身战略，加强与国际合作伙伴的联系，以提升国际化水平和竞争力。

除了个别高校的国际化水平外，还有一些国家或地区的整体国际化水平较高。例如，北欧国家的高校普遍具有较强的国际化特色，积极推进国际学术交流和合作，注重多语言教学和跨文化交流。这些高校的国际化水平不仅体现在学术交流和合作项目上，还包括国际学生和教师的比例、留学生招生政策等多个方面。国际化水平与国际合作在评价各国高校教育体系中具有重要意义。各国高校应积极响应全球化的挑战，加强国际合作与交流，拓宽国际视野，提升学校的国际影响力和竞争力，为世界各地的学生和学者提供更广阔的学术交流平台，共同促进全球教育事业的发展。

综上所述，国际比较视角下的高校教育体系分析可以从学科设置与专业结构、教学方法与教育理念、学术研究与科研成果、国际化水平与国际合作等方面展开，以全面了解和评估各国高校教育体系的特点和优势。

# 第三节　高校教育体系改革的必要性和紧迫性

## 一、高校教育体系改革的必要性

### （一）适应社会发展需求

适应社会发展需求是高校教育体系改革中至关重要的一个方面。随着时代的变迁和社会的发展，科技、经济、文化等各领域都在不断演进，对人才的需求也在不断变化。因此，高校教育体系必须与时俱进，紧密关注社会的发展趋势，及时调整课程设置、教学方法等，以培养适应未来社会需求的人才。

在科技领域，新技术的不断涌现和应用对高校教育提出了新的要求。高校应该跟踪科技前沿，调整相关专业设置，增设与新技术相关的课程，培养学生的创新能力和科技应用能力，以满足科技创新和产业发展的需要。例如，人工智能、大数据、物联网等新兴技术领域的发展，需要高校培养具备相关知识和技能的人才，以推动科技创新和产业升级。

在经济领域，全球化和市场化进程的加速对人才的需求提出了更高要求。高校应该调整经济管理类专业的教学内容，加强国际化视野，培养具备全球竞争力的商业人才和管理精英。同时，加强实践教学，提高学生的实际操作和解决问题的能力，使其能够适应市场竞争和经济发展的需要。

在文化领域，社会对文化产业的需求日益增长，对文化创意人才的需求也在不断扩大。因此，高校应该加强文化艺术类专业的培养，注重学生的创意能力和跨文化交流能力的培养，以满足文化产业的发展需求，推动文化事业的繁荣。

　　适应社会发展需求是高校教育体系改革的重要任务之一。高校应该紧密关注社会的发展趋势，不断调整教育教学内容和方法，培养适应未来社会需求的人才，为社会发展和进步做出积极贡献。

## （二）提升教育质量

　　提升教育质量是高校教育体系改革的关键目标之一，它直接关系到高等教育的效益和社会的发展。通过改革，可以从多个方面提升教育质量，为学生提供更加优质的教育服务。高校应该合理配置教学资源，包括教室、实验室、图书馆等，确保教学设施的先进性和完备性。同时，还应该加大对教育科研的投入，支持教师开展科研项目和教育改革实践，提升教师的教学水平和科研能力，为教学提供更强有力的支持。

　　传统的讲授式教学模式已经不能满足现代高等教育的需求，因此需要引入更加灵活多样的教学方法。例如，探究式学习、项目驱动学习、合作学习等教学方法可以激发学生的学习兴趣，提高学习效果。高校应该鼓励教师采用创新的教学方法，提升教学活动的多样性和趣味性，激发学生的学习潜力。教师是高等教育的主要承担者和推动者，其素质直接影响到教育质量。因此，高校应该加强对教师的培训和评价，提升其教学水平和教育理念。同时，还应该提高教师的工作环境和待遇，激励教师投入教学和科研中，提高教育质量。

　　建立科学合理的教育评价体系，对教学质量进行全面、客观、公正的评估，发现问题及时进行改进。同时，还应该加强对高校教育质量的外部监督，提高教育质量的透明度和公信力，为学生、家长和社会提供更可靠的教育信息。提升教育质量是高校教育体系改革的重要目标之一。通过优化教学资源配置、改进教学方法、提升教师素质和加强教育质量监督等措施，可以全面提升教育质量，为学生提供更加优质的教育服务。

## （三）增强教育公平性

　　增强教育公平性是高校教育体系改革中至关重要的一个方面。教育公平意味着每个人都有平等地接受教育的机会和权利，无论其社会背景、经济条件或其他因素。通过改革，可以采取一系列措施来促进教育资源的公平分配，减少教育机会的不平等现象，从而实现教育公平的目标。

高校应该建立公平、公正、透明的招生制度，取消或减少对社会背景、经济条件等因素的歧视，确保每个有才华、有潜力的学生都有机会接受高等教育。例如，可以采取综合评价的招生方式，综合考虑学生的学术成绩、综合素质和特殊才能等因素，确保招生过程的公平性和公正性。高校应该建立健全的奖助学金制度，为经济困难学生提供资助，帮助他们完成学业。同时，还应该加大对优秀学生的奖励力度，激励他们继续努力学习，实现自身的发展目标。通过完善奖助学金制度，可以弥补教育资源的不平等分配，提升教育公平性。

政府应该增加对教育的投入，优先保障教育资源向经济欠发达地区、农村地区和少数民族地区倾斜，缩小城乡和地区之间的教育差距，促进教育公平。同时，高校也应该加强对教育资源的合理配置，确保资源的公平分配，提高教育资源的利用效率。建立健全的教育公平评价体系，定期对教育公平性进行评估和监督，及时发现和解决存在的问题，确保教育公平目标的实现。同时，还应该加强社会各界对教育公平性的监督，促进教育公平的持续改进和完善。

增强教育公平性是高校教育体系改革的重要目标之一。通过优化招生政策、完善奖助学金制度、调配教育资源和加强监督评估等措施，可以促进教育资源的公平分配，减少教育机会的不平等现象，实现教育公平的目标。

## （四）提高就业竞争力

提高就业竞争力是高校教育体系改革的重要目标之一，也是为了更好地适应社会需求和就业市场需求。随着社会的不断发展和经济的变化，对人才的需求也在不断变化，高校教育需要紧跟时代潮流，调整专业设置、改进教学方法等，提升学生的就业竞争力，更好地满足社会的用人需求。通过调查研究和与企业的深度合作，高校可以了解到不同行业的用人需求情况，及时调整专业设置，开设与市场紧缺人才相关的新专业或者调整现有专业方向，以培养符合市场需求的人才。例如，针对新兴产业的发展趋势，可以开设人工智能、区块链等专业，提供更多就业机会。

传统的教学方法可能无法满足当前就业市场的需求，因此高校应该探索新的教学模式，注重实践教学和项目驱动学习，培养学生的实际操作和解决实际问题的能力。通过实践课程、实习实训等形式，让学生更好地掌握专业知识和技能，提升就业竞争力。此外，加强就业指导和职业规划教育，帮助学生更好地适应就业市场的挑战。高校可以建立健全的就业指导体系，为学生提供职业规划、就业指导、职业技能培训等服务，帮助他们了解就业市场的情况，制订个人职业发展计划，提升就业竞争力。同时，还可以开展就业市场调研和用人单位对接活动，为学生提供更多的就业机会和渠道。

加强与企业和社会的合作，推动校企合作，促进产学研深度融合。高校可以与企业建立长期稳定的合作关系，开展科研、实习实训、人才培养等方面的合作，使学生更好地了解企业需求，提前适应工作环境，提升就业竞争力。同时，还可以积极参与社会实践活动，培养学生的社会责任感和团队合作精神，提高综合素质和竞争力。提高就业竞争力是高校教育体系改革的重要目标之一。通过调整专业设置、改进教学方法、加强就业指导和职业规划教育以及推动校企合作和参与社会实践活动等措施，可以更好地培养适应社会发展需要的人才，提升学生的就业竞争力，更好地满足社会的用人需求。

## 二、高校教育体系改革的紧迫性

### （一）面临全球挑战

面对全球挑战，高校教育体系的改革势在必行。随着全球化进程的加速，各国之间的竞争日益激烈，这对高校教育提出了新的挑战和机遇。为了适应全球化的挑战，高校教育体系需要进行深刻的改革，以提升国际竞争力，保持在全球舞台上的地位和影响力。

面对全球化带来的多元化和多样性，高校应该加强国际交流与合作，积极吸收和借鉴其他国家的先进教育理念和经验，提升教育质量和水平。建立国际化的教育体系，加强国际人才交流和培养，为学生提供更广阔的发展平台。在全球化的背景下，科技、经济等领域的竞争更加激烈，要想在国际舞台上脱颖而出，就需要不断创新。高校应该加强科研创新能力的培养，鼓励学生和教师积极参与科研项目，推动科技成果的转化和应用，为社会经济发展做出更大的贡献。

全球化的挑战还要求高校教育体系更加注重人才培养的国际化。随着全球化进程的深入，人才的竞争不再局限于国内，而是涉及全球范围。高校应该培养具有国际视野和跨文化能力的人才，提升学生的国际竞争力。通过开设国际化课程、加强国际交流和合作，培养学生的国际化意识和综合素质，使其能够胜任国际化的职业和工作环境。在全球化的背景下，不同文化之间的交流与融合变得更加密切，高校应该加强跨文化交流与合作，促进不同文化之间的相互理解与包容。通过开展国际学生交流项目、组织跨文化活动等形式，增进学生对不同文化的了解和尊重，培养跨文化交流能力，为未来的国际合作和交流打下坚实的基础。

面对全球挑战，高校教育体系需要进行改革，以适应全球化的发展趋势。通过加强国际交流与合作、注重创新和实践、培养国际化人才以及促进文化多样性和跨文化交流，提升高校教育体系的国际竞争力，实现教育的全球化目标。

## （二）社会发展迫切需求

社会发展的迫切需求对高校教育体系提出了新的挑战和要求。随着科技进步和经济发展，社会对人才的需求发生了巨大变化，高校教育体系需要紧跟时代发展步伐，及时调整教育内容和培养模式，以满足社会的迫切需求。随着科技进步，高校教育需要更加注重科技人才的培养。科技创新已成为推动社会发展的重要力量，因此高校教育体系应该调整课程设置，增设与科技相关的专业和课程，培养具备科学素养和创新能力的人才。加强实验教学、科研项目等环节，提升学生的实践能力和科研能力，为科技创新和产业发展提供强有力的人才支持。

随着经济的发展，高校教育需要更加注重应用型人才的培养。经济结构不断调整和优化，对于应用型人才的需求日益增加。因此，高校应该调整专业设置，加强应用型专业，培养符合市场需求的应用型人才。加强实践教学、实习实训等环节，提升学生的应用能力和实际操作能力，使其能够适应社会的经济发展需求。此外，随着社会的进步，高校教育需要更加注重综合素质人才的培养。综合素质人才具有良好的人文素养、科学素养和社会责任感，是适应社会发展和未来竞争的需要。因此，高校应该注重通识教育的开展，培养学生的综合素质和综合能力。加强社会实践、志愿服务等活动，培养学生的社会责任感和团队合作精神，使其成为全面发展的人才。

随着人才竞争的加剧，高校教育需要更加注重个性化人才的培养。每个人都有自己的特长和兴趣，高校应该充分尊重学生的个性，提供个性化的教育服务。通过开设选修课程、实践项目等方式，满足学生的个性化需求，激发其潜能和创造力，培养具有个性化竞争优势的人才。社会发展的迫切需求对高校教育体系提出了新的挑战和要求。高校教育需要紧跟时代发展步伐，调整教育内容和培养模式，注重科技人才、应用型人才、综合素质人才和个性化人才的培养，以满足社会的迫切需求，促进社会进步和发展。

## （三）技术革新与产业升级

技术革新和产业升级给高校教育体系带来了新的挑战和机遇。随着科技的进步和产业的升级，新兴技术的涌现和新产业的兴起带来了新的职业需求和就业形势。高校教育体系需要与产业对接，紧密结合科技发展和产业需求，及时调整专业设置，培养适应新兴产业需求的人才，以满足社会的迫切需求。技术革新和产业升级带来了新的职业需求，高校教育体系需要调整专业设置，培养与时代发展相适应的人才。随着科技的进步，新兴技术如人工智能、大数据、物联网等领域的发展迅速，对相关人才的需求也日益增加。高校应该根据市场需求和产业发展趋势，调整相关专业设置，开设与新兴技术相关的课程，培养学生掌握相关技能和知识，为其未来的就业提供更多选择。

传统的教学方法可能无法满足新兴产业对人才的需求，高校应该调整教学方法，注重实践教学和项目驱动学习，培养学生的实际操作能力和解决问题的能力。同时，还应该更新教育内容，加强与新兴技术相关的知识和技能的教学，使学生能够跟上时代发展的步伐，为未来的就业做好准备。高校应该与相关产业企业建立紧密的合作关系，了解其技术需求和人才需求，开展联合科研项目和实践教学活动，为学生提供更多的实践机会和就业机会。通过校企合作，高校可以更好地了解产业的发展趋势和需求，调整教育教学内容和培养模式，培养更符合市场需求的人才。

## （四）提升国家综合竞争力

提升国家综合竞争力是各国政府长期以来的重要目标之一，而教育作为国家综合实力的重要组成部分，扮演着不可替代的角色。高校教育体系的改革是提升国家综合竞争力的重要举措之一，其意义重大，对于国家的长远发展具有深远影响。优质的教育体系能够培养出更多更优秀的人才，这些人才将成为国家的宝贵资源，推动国家的创新发展。通过改革，高校可以优化教学质量、提升教师水平、加强科研能力，从而培养出更多适应社会发展需要的高素质人才，为国家的经济建设、科技创新和社会进步提供强有力的支撑。

高校是科研创新的重要基地，其科研成果对于推动产业升级和经济发展具有重要作用。通过改革，高校可以加强与产业界的合作，推动科研成果的转化和应用，促进产业技术的升级和创新，提升国家的产业竞争力和经济实力。高校教育体系的改革还可以提升国家的国际影响力和地位。优质的高校教育吸引了大量国际学生和学者到我国学习和交流，推动了国际的人文交流和学术合作，提升了国家在国际舞台上的地位和影响力。通过改革，高校可以进一步提高教育质量和水平，吸引更多国际优秀人才到我国学习和工作，促进国际的学术交流和合作，提升国家的软实力和国际竞争力。

高校教育体系的改革还可以促进社会的稳定和和谐发展。优质的教育能够提高人民群众的素质和文化水平，增强社会的凝聚力和向心力，促进社会的和谐稳定发展。通过改革，高校可以加强思想政治教育和社会实践教育，培养学生的社会责任感和公民意识，为国家的长治久安和社会的持续发展做出积极贡献。高校教育体系改革的必要性主要体现在适应社会发展需求、提升教育质量、增强教育公平性和提高就业竞争力等方面，而改革的紧迫性则主要表现在面临全球挑战、社会发展迫切需求、技术革新与产业升级以及提升国家综合竞争力等方面。

# 第二章 高校教育体系创新理论

## 第一节 创新理论在高校教育中的适用性

### 一、创新理论的概念

创新理论是关于创新过程、机制和规律的理论体系。它不仅涵盖了对创新的概念界定，还包括了创新的源泉、方式以及推动因素等诸多方面的内容。通过对创新活动进行科学分析和系统阐述，创新理论提供了对创新现象进行理解和解释的框架。在创新理论的研究中，人们探讨了创新的内涵与外延，探讨了创新的动力和机制以及不同背景下创新的模式和路径。创新理论的发展不仅为创新活动提供了理论指导，还为创新实践提供了智力支持。同时，创新理论的不断完善和深化也促进了创新观念的更新和创新能力的提升，推动了社会经济的发展和进步。在当今日益竞争激烈的社会环境中，创新理论的研究与应用具有重要意义，对于推动科技创新、产业升级以及经济增长具有深远的影响。

### 二、创新理论的特点

#### （一）多元性

创新理论的多元性体现在对各个领域的创新活动进行理论化和系统化研究中。从技术创新到组织创新、管理创新、教育创新等各个方面，创新理论都在不同的领域中得到了广泛的应用和发展。技术创新指的是在科学研究的基础上，通过对技术手段和方法的改进和创新，实现对产品、服务、生产过程等方面的改善和提升。技术创新涉及科学技术领域的前沿研究和应用实践，其发展需要依托于科学技术的进步和创新成果的转化。

组织创新主要包括组织结构的创新、管理机制的创新、人才培养机制的创新等方面。在现代社会中，随着市场竞争的日益激烈和信息技术的快速发展，组织创新已经成为企业提高竞争力和适应市场变化的重要手段。管理创新是管理学领域中的一个重要研究方向。管理创新主要涉及管理思想、管理方法、管理模式等方面的创新。随着经济全球化和信息化的发展，管理创新对于企业的发展和管理效率的提高具有重要意义。教育创新也是创新理论中的一个重要内容。教育创新包括教学方法的创新、课程设置的创新、教育技术的创新等方面。随着教育理念的更新和教育技术的发展，教育创新成为提高教育质量和培养人才能力的关键。

## （二）动态性

创新理论是随着时代的发展和创新实践的深化而不断更新的，具有动态性和变革性。随着科技、经济、社会和文化的不断演变，人们对创新的认知和实践也在不断变化，推动着创新理论的更新和进步。本文将从不同角度探讨创新理论的动态性，并阐述其在不同领域中的应用和影响。随着时代的发展，人们对创新的理解不再局限于技术和产品的创新，而是逐渐将创新扩展到组织、管理、服务、文化等各个领域。从"以技术创新为主"的传统观念逐渐向"以全面创新为主"的新观念转变，这推动了创新理论从单一领域向多领域的拓展和更新。

随着实践经验的积累和理论研究的深入，人们逐渐发现传统的创新模式已经无法适应当今复杂多变的市场环境。因此，不断涌现出各种新的创新模式，如开放式创新、生态系统创新、共享创新等，以应对日益激烈的市场竞争和消费者需求的变化。这些新的创新模式不仅丰富了创新理论的内涵，也为创新实践提供了更加灵活和多样化的选择。此外，创新理论的动态性还体现在对创新要素和影响因素的不断探索和调整上。随着全球化和信息化进程的加速推进，创新的要素和影响因素也发生了巨大变化。人们不再局限于传统的技术、资金和人才等要素，而是逐渐重视创新文化、组织架构、市场需求、政策环境等方面的影响。因此，创新理论不断引入新的概念和视角，如创新生态、创新能力、创新文化等，以适应不断变化的外部环境和内部需求。

创新理论的动态性也体现在对创新评价和管理方法的不断更新和改进上。随着企业竞争的加剧和知识经济的兴起，创新已经成为企业生存和发展的关键因素。因此，如何有效评价和管理创新活动成为各个组织亟待解决的问题。在这方面，人们不断提出和探索各种新的创新评价指标和管理方法，如技术创新绩效评价、创新项目管理、创新文化建设等，以提高创新活动的效率和效果。

## （三）非线性

改变是创新过程中的常态，创新理论在认知创新过程中的非线性和不确定性方面做出了重要贡献。非线性指的是创新过程中的因果关系不是简单的单向直线型发展，而是受到多种因素相互作用的复杂网络。这种非线性特征意味着创新活动的结果可能不可预测，甚至是突变的。同时，不确定性则意味着在创新过程中存在着许多未知因素和风险，创新者往往需要在不确定性中进行决策和行动。因此，创新理论强调了创新活动的多样性和复杂性，认识到创新是一个充满挑战和机遇的过程。

在创新过程中，非线性体现在创新活动的各个阶段都可能出现的突变和非常规发展上。有时候，一个小小的变化或者一次意外的发现可能会引发创新活动的全面转变，推动创新过程跳跃式地向前发展。例如，许多科学家和发明家在研究过程中都经历过不按常规路径发展的突破，如亚历山大·弗莱明发现的青霉素就是一次偶然的非线性事件。因此，创新理论认识到创新过程中的非线性特征，鼓励创新者保持开放的心态，不断接受和探索新的可能性。

创新理论也强调了创新活动的多样性，即创新并不局限于技术领域，还包括组织、管理、文化等多个方面。这种多样性使得创新过程更加复杂和不确定。不同领域的创新活动可能受到不同的影响因素和约束条件，因此创新者需要具备跨领域的知识和能力，以应对复杂多变的创新环境。同时，创新理论也强调了创新活动的复杂性，即创新往往涉及多个因素的相互作用和影响，需要综合考虑各种因素的影响，才能够有效地推动创新活动的发展。

在面对创新活动的非线性和不确定性时，创新者需要具备灵活性和创造力，不断调整和改进自己的行动策略。他们需要敏锐地捕捉创新环境中的变化和机遇，勇于面对挑战和风险，不断尝试和创新。同时，创新者还需要与他人进行合作和交流，共同探索和解决创新过程中的问题，促进创新活动的共同发展。因此，创新理论强调了创新活动的团队性和合作性，鼓励创新者积极参与到创新生态系统中，共同推动创新活动的不断发展和进步。

## （四）应用性

改变是创新理论的核心精神，其应用性主要体现在将理论知识转化为实践行动，为实际问题提供指导和支持。创新理论的应用性不仅促进了创新活动的持续发展，也推动了各个领域的进步与创新。通过深入研究创新理论，企业可以更好地理解创新过程中的规律和机制，提高自身的创新能力和竞争力。例如，企业可以借鉴开放式创新模式，与外部合作伙伴进行创新合作，共同推动技术和产品的创新；也可以通过构建创新文化和激励机制，激发员工的创新活力和创造力，促进组织创新能力的提升。因此，创新理论的应用为企业提供了实现可持续发展的重要路径和方法。

政府可以通过研究创新理论，了解创新对经济增长、社会发展和环境保护的作用和影响，制定相应的创新政策和措施。例如，政府可以通过加大科技投入，支持科技创新和高新技术产业发展，推动经济结构调整和产业升级；也可以通过优化创新环境和政策环境，鼓励企业加大创新投入和创新活动，提高全社会创新意识和创新能力。因此，创新理论的应用为政府部门提供了有效的决策依据和管理方法。此外，创新理论在教育领域的应用为培养创新人才提供了重要支持。通过将创新理论融入教育教学过程，学生可以更好地理解创新的概念和意义，培养创新思维和创新能力。例如，教育机构可以设计创新教育课程，引导学生通过项目实践和实验探究，培养解决实际问题的能力和创新意识；也可以通过开展创新竞赛和活动，激发学生的创新潜能和创造力，提高学生的综合素质和竞争力。因此，创新理论的应用为教育领域提供了重要的教学资源和方法论。

创新理论的应用性体现在各个领域的实践中，为企业、政府和教育机构提供了重要的指导和支持。通过深入研究创新理论，并将其应用于实际问题解决中，可以促进创新活动的持续发展，推动各个领域的进步与创新。因此，我们应该不断加强对创新理论的研究和应用，不断推动创新活动的深入发展，为构建创新驱动型社会提供更多的智力支持和保障。

# 三、创新理论在高校教育中的适用性

## （一）强调学生主体地位

### 1. 以学生为主体

在传统的教育理念中，教师往往扮演着知识的传授者和权威人士的角色，而学生则被动地接受和消化所学知识。然而，随着教育理论的不断创新，越来越多的教育者开始意识到，学生应当处于学习的主体地位，积极参与和主导学习过程，这不仅有助于促进学生的自主学习，还能够激发他们的创造性思维和学习动力。

### 2. 激发学生的兴趣和动力

强调学生主体地位的教学模式，能够更好地激发学生的学习兴趣和动力。当学生成为学习的主体时，他们将更加积极地投入学习活动，因为他们有更多的自主权和选择权，能够根据自己的兴趣和需求来确定学习内容和学习方式。这种自主学习的过程不仅能够提高学生的学习积极性，还能够增强他们的学习动力，使学习变得更加主动和愉悦。

### 3. 培养学生的自主学习能力

学生主体地位的教学模式有助于培养学生的自主学习能力。在这种教学模式下，学生需要自己负责学习的方方面面，包括确定学习目标、制订学习计划、选择学习资源等。通过这样的学习过程，学生将逐渐培养起自主学习的能力和习惯，提高他们的自主学习能力，为他们未来的学习和生活奠定坚实的基础。

### 4. 培养学生的创造性思维和能力

学生主体地位的教学模式还能够促进学生的创造性思维和能力。在这种教学模式下，学生被要求积极参与和主导学习过程，需要他们思考问题、解决问题，从而培养他们的创造性思维和创新能力。通过不断地探索和实践，学生将逐渐发展出独立思考、独立解决问题的能力，为他们未来的学习和生活打下坚实的基础。

### 5. 构建和谐的师生关系

学生主体地位的教学模式有助于构建和谐的师生关系。在这种教学模式下，教师不再是唯一的知识传授者，而是学生学习的指导者和引导者，与学生之间建立起了更加平等和尊重的关系。学生感受到了教师的关心和支持，同时也获得了更多的自由和尊重，从而建立起了一种积极、和谐的师生关系，有利于学生的健康成长和全面发展。

### 6. 实现教育的个性化发展

学生主体地位的教学模式有助于实现教育的个性化发展。在这种教学模式下，教师会根据学生的实际情况和需求，灵活地调整教学内容和教学方法，为学生提供个性化的学习支持和指导。每个学生都能够根据自己的特点和能力来选择适合自己的学习路径和学习方式，从而实现了教育的个性化发展，为每个学生的发展提供了更好的保障。

### 7. 促进教育的全面发展

学生主体地位的教学模式有助于促进教育的全面发展。在这种教学模式下，学生不仅能够获得丰富的知识和技能，还能够培养出批判性思维、创造性思维、合作精神等重要的能力和素质，使他们成为具有综合素养和创新能力的社会人才。同时，学生主体地位的教学模式还能够促进教师自身的成长和发展，提高他们的教学水平和教育能力，实现教育的双赢。

强调学生主体地位是教育改革和创新的重要方向，它有助于激发学生的学习兴趣和动力，培养学生的自主学习能力和创造性思维，构建和谐的师生关系，实现教育的个性化发展，促进教育的全面发展。因此，我们应该不断地推动教育改革，积极探索和实践学生主体地位的教学模式，为学生的全面发展和社会的长远进步做出贡献。

## （二）注重实践与应用

创新理论强调知行合一，高校教育可以通过项目实践、实习实训等方式培养学生的实际操作能力和解决问题的能力。

### 1. 实践导向的教学

在传统的高校教育中，教学往往侧重于理论知识的传授，而缺乏对实践能力的培养。然而，创新理论强调知行合一，认为理论与实践应该相辅相成。因此，高校教育可以通过项目实践、实习实训等方式，将课堂所学的理论知识与实际操作相结合，从而培养学生的实际操作能力和解决问题的能力。

### 2. 项目实践的重要性

项目实践是高校教育中的重要组成部分。通过参与项目实践，学生可以将课堂所学的理论知识应用到实际项目中，锻炼自己的实践能力和解决问题的能力。例如，工程类专业的学生可以参与科研项目或工程实践，设计和完成具体的工程任务；管理类专业的学生可以参与企业实习项目，学习管理知识的实际运用。通过项目实践，学生不仅能够提高自己的实际操作能力，还能够培养解决问题的能力和团队合作精神，为未来的职业发展打下坚实的基础。

### 3. 实习实训的重要性

实习实训也是高校教育中的重要环节。通过实习实训，学生可以走出校园，进入社会实践中，亲身体验工作环境和职业生活，增强自己的职业素养和实践能力。例如，医学类专业的学生可以到医院进行临床实习，学习医学技能和临床操作；商科类专业的学生可以到企业实习，学习商业运作和管理技能。通过实习实训，学生不仅能够了解实际工作的要求和挑战，还能够积累实践经验，提高自己的就业竞争力，为未来的职业发展做好充分的准备。

### 4. 跨学科实践的推广

跨学科实践是高校教育的一个新趋势。通过跨学科实践，学生可以跨越学科边界，参与到跨学科项目中，从不同学科的角度解决问题，培养自己的综合素养和创新能力。例如，工程类专业的学生可以与艺术类专业的学生合作，共同设计和制作创新产品；管理类专业的学生可以与工程类专业的学生合作，共同开展创业项目。通过跨学科实践，学生不仅能够拓宽自己的学科视野，还能够锻炼自己的团队合作能力和创新精神，为未来的职业发展打下坚实的基础。

### 5. 加强实践教学资源建设

为了加强实践教学，高校需要加强实践教学资源建设。这包括建设实验室、工作室、实训基地等实践教学场所，配置先进的实践设备和工具，拓展实践教学资源的来源和渠道。通过加强实践教学资源建设，高校可以为学生提供更加丰富、多样的实践教学机会，促进学生的实际操作和解决问题的能力的全面发展。

注重实践与应用是高校教育的重要任务之一。高校可以通过项目实践、实习实训等方式培养学生的实际操作能力和解决问题的能力，为他们的职业发展做好充分的准备。因此，我们应该不断地加强实践教学的推广和实践教学资源的建设，为学生的综合素质和职业能力的全面提升做出积极的努力。

## （三）提倡跨学科融合

创新理论强调跨学科合作和交叉创新，高校教育可以通过跨学科课程设置和团队项目开发等方式促进不同学科领域的交流与融合。

### 1. 跨学科融合的理念

在传统的高校教育中，各学科往往孤立存在，缺乏交流和融合。然而，创新理论强调跨学科合作和交叉创新，认为不同学科领域之间的交流与融合可以产生更多的创新和发展。因此，高校教育可以通过提倡跨学科融合的理念，打破学科壁垒，促进不同学科领域的交流与融合，推动教育的创新和发展。

### 2. 跨学科课程设置

为了促进跨学科融合，高校可以进行跨学科课程设置。通过跨学科课程，学生可以在学习过程中接触到多个学科领域的知识和理论，了解不同学科之间的联系和相互影响，培养自己的综合素养和创新能力。例如，可以开设跨学科的科技与艺术课程，让学生了解科技与艺术的交叉点和融合方式，激发他们的创新思维和创意能力。

### 3. 团队项目开发

团队项目开发是促进跨学科融合的重要方式之一。通过团队项目，学生可以跨越学科边界，与不同学科背景的同学合作，共同解决跨学科性问题，实现知识和经验的交流与共享。例如，可以组建由工程师、设计师和商科专业学生组成的团队，共同开发创新产品或解决实际问题，通过合作实现技术、设计和商业的有机融合，促进跨学科交流与合作。

### 4. 交叉学科研究项目

交叉学科研究项目是促进跨学科融合的另一重要方式。通过跨学科研究项目，不同学科背景的教师和研究人员可以共同参与到项目中，从不同学科的角度探索和解决复杂的科学问题，推动科学研究的创新和发展。例如，可以开展跨学科的生物医学研究项目，将生物学、医学、工程学等学科知识和技术相结合，共同研究解决医学领域的重大问题，促进医学科学的跨学科发展。

### 5. 跨学科教师团队建设

为了推动跨学科融合，高校可以加强跨学科教师团队建设。通过跨学科教师团队，不同学科背景的教师可以共同参与课程设计、教学实践和科研项目，共同培养学生的综合素养和创新能力。例如，可以建立由多个学科背景的教师组成的跨学科教学团队，共同开设跨学科课程和项目，为学生提供全方位的跨学科教育服务，推动教育的跨学科发展。

### 6. 促进学科交叉的平台建设

为了促进学科交叉与融合，高校可以加强学科交叉的平台建设。通过建设跨学科研究中心、跨学科实验室等平台，为教师和学生提供交叉学科合作的场所和条件，推动不同学科之间的交流与合作。例如，可以建立跨学科研究中心，为教师和学生提供交叉学科研究的平台和资源，促进不同学科之间的合作与创新。

### 7. 鼓励学术界与产业界的跨界合作

为了推动跨学科融合，高校可以鼓励学术界与产业界的跨界合作。通过与企业、政府等外部机构的合作，高校可以将学术研究与实际应用相结合，促进学科交叉与融合。例如，可以与企业合作开展产学研项目，将学术研究成果应用到实际生产中，推动科技创新和产业发展。

提倡跨学科融合是高校教育创新的重要方向之一。高校可以通过跨学科课程设置、团队项目开发、交叉学科研究项目等方式，促进不同学科领域的交流与融合，推动教育的创新和发展。因此，我们应该不断地加强跨学科教育和研究的推广和实践，为培养具有创新能力和综合素养的人才做出积极的努力。

## （四）倡导开放创新生态

创新理论倡导构建开放、共享的创新生态，高校可以通过与企业、社会组织等合作，创造有利于创新的环境和条件。

### 1. 开放的合作理念

在传统的高校教育中，往往存在与外界合作封闭的情况。然而，创新理论倡导构建开放、共享的创新生态，认为高校应该与企业、社会组织等多方合作，共同促进创新和发展。因此，高校可以通过倡导开放的合作理念，与外界开展多方面、多层次的合作，创造有利于创新的环境和条件。

### 2. 产学研结合

产学研结合是构建开放创新生态的重要方式之一。通过与企业合作开展产学研项目，高校可以将学术研究成果应用到实际生产中，推动科技创新和产业发展。例如，可以与企业合作开展科研项目，将学术研究成果转化为实际产品和技术，促进科技成果的转化和应用。

### 3. 开放的创新平台

开放的创新平台是构建开放创新生态的重要支撑。通过建设开放的创新平台，高校可以为学生和教师提供创新和实践的场所和条件，促进创新能力和创新意识的培养。例如，可以建设创新实验室、创客空间等开放平台，为学生和教师提供创新和实践的场所和资源，激发他们的创新潜力和创业精神。

### 4. 共享的科研资源

共享的科研资源是构建开放创新生态的重要保障。通过共享科研资源，高校可以充分利用外部资源和优势，推动科研成果的共享和交流。例如，可以建立科研资源共享平台，将学术研究成果和科研设备对外开放，为外部机构和个人提供科研支持和服务。

### 5. 开放的创新文化

开放的创新文化是构建开放创新生态的重要基础。通过倡导开放、包容、共享的创新文化，高校可以营造良好的创新氛围，激发学生和教师的创新潜力和创造力。例如，可以组织创新创业比赛、创客大赛等活动，鼓励学生和教师积极参与创新活动，共享创新成果。

### 6. 开放的人才培养模式

开放的人才培养模式是构建开放创新生态的重要途径之一。通过开放的人才培养模式，高校可以与企业、社会组织等合作，共同培养具有创新精神和实践能力的人才。例如，可以开展校企合作项目、社会实践活动等，让学生在实践中学习，培养实践能力和创新能力。

### 7. 开放的政策环境

开放的政策环境是构建开放创新生态的重要保障。通过制定开放、包容的政策措施，政府可以为高校和企业提供更好的创新环境和条件，推动科技创新和产业发展。例如，可以加大对科技创新的资金支持和政策倾斜，鼓励高校和企业加强合作，共同推动科技成果的转化和应用。倡导开放创新生态是高校教育创新发展的重要路径之一。高校可以通过与企业、社会组织等合作，构建开放、共享的创新生态，促进创新能力和创新意识的培养，推动科技创新和产业发展。因此，我们应该不断地加强开放创新生态的建设和推广，为高校教育的创新发展提供更好的支持和保障。

创新理论在高校教育中具有广泛的适用性，有助于培养学生的创新意识、创新能力和创新精神，推动高校教育不断与时俱进，为社会发展和人才培养提供有力支撑。

# 第二节 教育体系创新的理论框架

## 一、跨学科融合理论

跨学科融合理论在教育体系创新中扮演着重要的角色。它不仅强调了不同学科之间的融合与交叉，还着重解决复杂问题和培养综合型人才的重要性。通过在课程设计、研究项目和教学实践中引入跨学科元素，跨学科融合理论促进了知识和方法的跨界融合，培养了学生跨越学科边界，灵活应用多领域知识和技能的能力，同时也培养了创新思维和解决问题的能力。

### （一）跨学科合作的价值

跨学科融合理论的关键之一在于强调不同学科之间的合作与融合。这种合作不仅有助于解决特定学科无法解决的复杂问题，还可以促进学科之间的相互理解和协作。通过跨学科合作，学生可以从不同学科的角度去理解和解决问题，从而培养出更具有综合素养和创新能力的人才。

## （二）培养综合型人才的重要性

跨学科融合理论强调培养综合型人才的重要性。传统的学科分隔教育模式往往使学生只能局限于某一领域的知识和技能，难以应对复杂多变的现实问题。而跨学科融合教育则可以打破这种局限，培养出能够综合运用多领域知识和技能的综合型人才，他们不仅在特定领域有深厚的专业知识，还具备跨学科思维和创新能力。

## （三）知识与方法的跨界融合

跨学科融合理论通过在课程设计、研究项目和教学实践中引入跨学科元素，促进了知识和方法的跨界融合。这种融合不仅有助于形成更全面、更深入的解决方案，还能够创造出新的知识和方法。学生通过学习跨学科融合的课程和参与跨学科融合的研究项目，能够更好地理解和掌握不同学科之间的联系和相互影响，从而更好地应用这些知识和方法解决实际问题。

## （四）学生跨学科能力的培养

跨学科融合理论强调培养学生跨学科能力的重要性。这种能力包括跨越学科边界，灵活应用多领域知识和技能的能力，以及创新思维和解决问题的能力。通过在教育过程中注重培养学生的跨学科能力，可以使他们更好地适应未来社会的发展需求，成为具有全球视野和创新精神的人才。

## （五）创新思维和问题解决能力的培养

跨学科融合理论不仅注重学科知识和技能的融合，还强调培养学生的创新思维和问题解决能力。在跨学科融合的教育环境中，学生不仅能够学习到各种学科的知识和技能，还能够培养出探索精神、合作精神和创造力，从而更好地应对未来的挑战和机遇。

### （六）推动教育体系创新与发展

跨学科融合理论的实施不仅能够培养出更具有综合素养和创新能力的人才，还能够促进教育体系的创新与发展。通过将跨学科融合的理念融入教育体系的各个方面，可以推动教育体系朝着更加开放、灵活、多样化的方向发展，从而更好地适应社会的变革和发展。

跨学科融合理论的实施不仅有助于解决复杂问题和培养综合型人才，还能够促进知识和方法的跨界融合，培养学生的创新思维和解决问题的能力，推动教育体系的创新与发展。

## 二、学习生态系统理论

### （一）学习生态系统的综合性视角

学习生态系统理论呈现了一种综合性的视角，将教育视作一个多元化的、涵盖多种学习场景和参与主体的系统。这种综合性的视角超越了传统的教育范式，将学校、家庭、社会、网络等各种学习环境纳入考虑，使教育的影响力更加广泛而深远。这种综合性的视角有助于我们更全面地理解教育的本质和作用，从而更有效地促进教育的发展和完善。

### （二）促进学习场景之间的协同作用

学习生态系统理论强调学校、家庭、社会、网络等各种学习场景之间的互动关系。在这种理论框架下，我们可以更加注重促进不同学习场景之间的协同作用，使学生在多种学习环境中获得丰富的学习资源和体验。通过构建学校、家庭、社会、网络等学习场景之间的有效连接，可以实现学生学习经验的无缝衔接，促进学习的连贯性和有效性。

### （三）个性化学习路径和方式

学习生态系统理论强调构建多元化、个性化的学习路径和方式。在这种理论框架下，我们可以更加注重学生个体差异的尊重和发展，为学生提供更加灵活和个性化的学习机会和方式。通过倡导个性化学习计划、探索性学习活动等形式，可以更好地满足学生的学习需求，激发他们的学习兴趣和学习动力，实现学生的个性化发展和全面成长。

### （四）学习参与者之间的合作与互动

学习生态系统理论强调学生、教师、家长、社会组织等各种学习参与者之间的互动与合作。在这种理论框架下，我们可以更加重视学习参与者之间的合作与互动，为学生提供更加丰富和多样的学习资源和支持。通过加强学校、家庭、社会、网络等各种学习参与者之间的合作与互动，可以促进知识和经验的共享，激发学生的学习潜力和创新能力，实现学生的全面发展和社会责任感的培养。

### （五）全方位人才培养的目标

学习生态系统理论倡导实现全方位的人才培养目标。在这种理论框架下，我们可以更加注重培养学生的综合素养和创新能力，使其具备适应未来社会发展需求的能力和素质。通过构建多元化、个性化的学习环境和路径，促进学生在认知、情感、技能、品德等方面的全面发展，实现个体潜能的充分释放和社会价值的最大实现。

### （六）关注社会责任与可持续发展

学习生态系统理论关注教育与社会的密切关系，强调教育对于社会的责任和作用。在这种理论框架下，我们可以更加关注教育的社会责任和可持续发展问题，推动教育体系朝着更加公平、包容、可持续的方向发展。通过培养学生的社会责任感和公民意识，引导他们积极参与社会实践和公益活动，为社会的进步和发展作出积极贡献。

学习生态系统理论为教育体系创新提供了重要的理论支撑。通过构建多元化、个性化的学习环境和路径，促进学习场景之间的协同作用，加强学习参与者之间的合作与互动，实现全方位的人才培养目标，关注教育的社会责任和可持续发展问题，可以推动教育体系朝着更加开放、灵活、多样化的方向发展，更好地满足社会的需求和个体的发展。

## 三、创新精神培养理论

创新精神培养理论是教育体系创新的核心。该理论关注培养学生的创新意识、创新能力和创新思维，使其具备解决问题、应对挑战的能力。通过教学设计、课程设置和评价体系等方面的创新，引导学生在学习过程中不断探索、实践和创新，激发其创造力和创业精神。

### （一）创新精神的核心价值

创新精神培养理论突出了创新精神在教育中的核心价值。在这一理论框架下，我们认识到创新不仅是一种技能，更是一种态度和价值观。因此，教育体系应当致力于培养学生的创新意识，使他们能够在面对问题和挑战时不畏困难，勇于尝试，敢于创新，积极追求进步和变革。

### （二）创新能力的多维培养

创新精神培养理论强调培养学生的创新能力。除了传统意义上的创造力和发明能力外，创新能力还包括问题解决能力、逻辑思维能力、团队合作能力等多个方面。在教育实践中，我们应该注重培养学生的多维创新能力，使其具备全面发展的潜能，在面对各种挑战时能够灵活应对，找到创新的解决方案。

### （三）教学设计的创新与个性化

创新精神培养理论强调教学设计的创新与个性化。在教育实践中，我们需要不断探索和尝试创新的教学方法和策略，以激发学生的学习兴趣和创造力。个性化教学是指根据学生的兴趣、能力和特点，量身定制教学内容和方法，使每个学生都能够得到有效的学习支持和指导。

## （四）课程设置的创新与开放

创新精神培养理论强调课程设置的创新与开放。传统的课程设置往往局限于固定的学科范畴和教学内容，难以激发学生的创新思维和实践能力。因此，我们需要改革和创新课程设置，引入跨学科、项目化、探究式等创新教学模式，为学生提供更开放、灵活的学习空间和机会。

## （五）评价体系的创新与综合

创新精神培养理论强调评价体系的创新与综合。传统的评价体系往往偏重于考试成绩和学科知识的掌握程度，难以全面反映学生的创新能力和实践水平。因此，我们需要改革评价体系，引入多元化的评价方法和标准，包括项目评价、综合评价、自我评价等，以全面、客观地评价学生的学习成就和创新能力。

## （六）创新精神与社会发展的紧密联系

创新精神培养理论强调创新精神与社会发展的紧密联系。在这一理论框架下，我们认识到创新不仅是个体的行为，更是社会的需求和动力。因此，教育体系应当注重培养学生的社会责任感和创新意识，引导他们将创新精神转化为实际行动，为社会发展和进步做出积极贡献。

# 四、教育科技融合理论

教育科技融合理论强调信息技术、人工智能、大数据等现代科技手段在教育中的应用与创新。该理论倡导教育与技术的深度融合，推动教育向数字化、智能化、个性化发展。通过利用教育科技提供的工具和资源，拓展学习空间和方式，促进个性化教育和自主学习，实现教育的创新与提升。

## （一）信息技术在教育中的重要性

教育科技融合理论突出了信息技术在教育中的重要性。信息技术的发展为教育提供了丰富的工具和资源，可以极大地拓展学习空间和方式。通过利用信息技术，教育可以实现数字化、智能化的发展，为学生提供更加丰富、灵活和个性化的学习体验。

## （二）人工智能技术的应用与创新

教育科技融合理论强调人工智能技术在教育中的应用与创新。人工智能技术具有强大的数据处理和分析能力，可以为教育提供个性化的学习支持和指导。通过利用人工智能技术，教育可以实现更加精准、高效的教学管理和评价，促进学生的个性化发展和全面成长。

## （三）大数据技术的价值与作用

教育科技融合理论关注大数据技术在教育中的价值与作用。大数据技术可以对学生的学习行为和学习成果进行全面、深入的分析，为教育决策提供科学依据和参考。通过利用大数据技术，教育可以实现教学内容的个性化定制、学生学习过程的实时监测和反馈，从而提高教育的效率和质量。

## （四）个性化教育与自主学习

教育科技融合理论倡导个性化教育与自主学习。通过利用教育科技提供的个性化学习平台和资源，教育可以更好地满足不同学生的学习需求和兴趣，激发他们的学习动力和创造力。同时，个性化教育也可以促进学生的自主学习能力和自主发展意识，培养他们的学习能力和创新精神。

## （五）教育创新与提升的实现

教育科技融合理论强调教育创新与提升的实现。通过利用教育科技提供的工具和资源，教育可以实现教学内容和方式的创新，提高教育的效率和质量。教育科技融合还可以促进教育资源的共享与共建，拓展学校、家庭、社会等各种学习场景的融合与互动，实现教育的全方位提升和创新发展。

## （六）推动教育向数字化、智能化、个性化发展

教育科技融合理论推动教育向数字化、智能化、个性化发展。在这一理论框架下，我们应当积极探索和推动教育与技术的深度融合，充分利用信息技术、人工智能、大数据等现代科技手段，为教育的转型升级提供强大动力和支持，实现教育的全面发展和提升。

# 五、学生主体地位理论

学生主体地位理论强调将学生置于学习的主体地位，倡导教育从以教师为中心向以学生为中心的转变。该理论强调学生的自主学习、合作学习和自主思考，注重培养学生的学习兴趣和学习动力，激发其探索精神和创新能力。

## （一）教学模式的转变

学生主体地位理论的核心在于将学生置于学习的主体地位，这意味着教学模式需要发生转变。传统的教学模式往往以教师为中心，教师主导学习过程，学生被动接受知识。而学生主体地位理论倡导以学生为中心，注重激发学生的主动性和参与性，使其成为学习的主体，从而实现教育的真正意义上的发展。

## （二）重视自主学习和合作学习

学生主体地位理论强调自主学习和合作学习的重要性。在这种理论框架下，学生被视为主动参与学习过程的主体，他们应当具备自主学习的能力，能够独立思考、自主探索。同时，学生也应当具备合作学习的能力，能够与他人合作、共同探讨问题、共同解决问题，从而促进彼此的学习和成长。

## （三）激发学习兴趣和学习动力

学生主体地位理论注重激发学生的学习兴趣和学习动力。在这种理论框架下，教育者应当注重挖掘学生的潜在兴趣和激发学生的学习热情，使其愿

意投入学习中去。通过设计富有趣味性和挑战性的学习任务，创设良好的学习环境，激发学生的好奇心和探索精神，从而提高学生的学习效果和学习成绩。

### （四）培养学生自主思考和创新能力

学生主体地位理论强调培养学生的自主思考和创新能力。在这种理论框架下，教育者应当注重培养学生的批判性思维、创造性思维和解决问题的能力，使其具备独立思考、创新探索的能力。通过开展探究式学习、项目式学习等形式，激发学生的思维活跃性和创新潜能，培养其成为具有创造力和创新能力的人才。

### （五）学生参与决策的权利

学生主体地位理论倡导赋予学生参与决策的权利。在这种理论框架下，学生不仅是学习的主体，还应当成为学校和教育决策的参与者。通过建立学生代表制度、学生议会等机制，鼓励学生参与学校事务的管理和决策，增强学生的责任感和参与意识，促进学生的全面发展和成长。

### （六）教育观念和教育价值的转变

学生主体地位理论的实施需要教育观念和教育价值的转变。传统的教育观念往往将教育视为知识的传授和灌输，忽视了学生的主体地位和个体差异。而学生主体地位理论倡导将学生置于学习的主体地位，注重培养学生的自主性、合作性和创造性，推动教育向个性化、多样化和创新化发展。

## 六、社会责任教育理论

### （一）社会责任感的培养

社会责任教育理论注重培养学生的社会责任感。在这一理论框架下，教育的目标不仅是培养学生的学术能力，更重要的是培养学生的社会责任感和公民意识。通过开展社会实践、志愿服务等活动，引导学生深入了解社会现实，关注社会问题，培养他们对社会的责任感和担当精神，激发他们为社会发展、人类进步作出贡献的积极意识和行动能力。

### （二）公民意识的培养

社会责任教育理论强调培养学生的公民意识。在这种理论框架下，教育应当注重培养学生的公民意识和法治观念，使其具备良好的道德品质和社会行为规范。通过开展公民教育课程、法治教育活动等形式，教育可以引导学生树立正确的社会价值观，培养他们尊重法律、遵守规则、积极参与社会事务的良好习惯和行为准则。

### （三）社会参与能力的培养

社会责任教育理论强调培养学生的社会参与能力。在这种理论框架下，教育应当注重培养学生的社会交往能力和团队合作精神，使其具备积极参与社会事务、解决社会问题的能力和勇气。通过开展团队项目、社团活动等形式，教育可以培养学生的团队协作能力、沟通表达能力和问题解决能力，使他们能够成为具有社会责任感和创新精神的未来领袖和公民。

### （四）学校与社会的密切合作

社会责任教育理论倡导学校与社会的密切合作。在这一理论框架下，学校不再是孤立的教育机构，而是与社会各界密切合作、共同肩负起培养社会人才的责任。通过与政府、企业、社会组织等各种社会力量合作，学校可以为学生提供更广阔的社会实践平台和资源支持，促进学生的全面发展和社会责任感的培养。

### （五）社会问题意识的培养

社会责任教育理论强调培养学生的社会问题意识。在这种理论框架下，教育应当注重培养学生对社会问题的敏感性和洞察力，使其能够深入了解社会现实、分析社会问题、提出解决方案。通过开展社会调查、社会访谈等活动，教育可以引导学生从身边的社会问题入手，认识到自己作为一名公民应该承担的责任和义务，激发他们的社会参与意识和创新能力。

### （六）全球视野与跨文化交流

社会责任教育理论倡导全球视野与跨文化交流。在这一理论框架下，教育不再局限于国内范围，而是关注全球性的社会问题和挑战，促进学生跨文化交流和合作。通过开展国际交流项目、跨文化活动等形式，教育可以培养学生的全球意识和国际视野，使其具备在全球化背景下积极参与国际事务、解决全球性问题的能力和担当。

社会责任教育理论关注培养学生的社会责任感、公民意识和社会参与能力，倡导学校和社会共同肩负起培养人才的责任。通过培养学生的社会责任感、公民意识、社会参与能力、社会问题意识等方面的改变，可以促进学生的全面发展和社会的可持续发展。

# 第三节　教育体系创新的驱动因素

## 一、技术因素的推动

技术因素是推动教育体系创新的重要驱动力之一。随着信息技术、人工智能、大数据等先进技术的不断发展和应用，教育领域也在逐渐实现数字化、智能化、个性化的转变。这些技术的运用为教育提供了更多元化、灵活性更强的教学手段和资源，促进了教育的创新与改革。

### （一）技术革新与教育变革

技术因素的推动已经引领了教育体系的变革。随着信息技术、人工智能和大数据等先进技术的不断涌现和应用，教育领域正逐渐迎来一场数字化、智能化、个性化的变革。这些新技术的引入和运用，为教育提供了丰富多彩的教学手段和资源，极大地丰富了教学内容和方法，推动了教育的创新与改革。

## （二）教学手段的多元化与灵活性

技术的推动使得教育的教学手段变得更加多元化和灵活。传统的教学模式受到了信息技术和互联网的冲击，课堂教学不再局限于传统的纸质教材和黑板书写，而是可以通过电子白板、多媒体教学、在线课程等多种形式呈现，从而使教学内容更加生动有趣，提高学生的学习兴趣和参与度。

## （三）教育资源的全球化与共享化

技术的发展推动了教育资源的全球化与共享化。通过互联网和在线教育平台，学生可以获得来自世界各地的优质教育资源，与世界顶尖学府的名师进行学习交流，拓宽视野，提高学习水平。同时，教育者也可以分享自己的教学经验和教育成果，促进教育资源的共享和共建，推动教育的全球化发展。

## （四）个性化学习的实现与推广

技术的推动实现了教育的个性化学习。借助大数据和人工智能技术，教育者可以根据学生的学习特点、兴趣爱好和学习习惯，量身定制个性化的学习计划和课程内容，使每个学生都能得到最适合自己的教育资源和指导，提高学习效率和学习成果。

## （五）教育的跨时空性与普及性

技术的推动实现了教育的跨时空性和普及性。通过互联网和移动设备，学习不再受限于时间和空间的限制，学生可以随时随地进行学习，方便快捷。这种教育的普及性使得教育资源能够覆盖更广泛的群体，包括偏远地区、贫困地区和残障人士等，为他们提供了平等获取教育资源的机会。

### （六）教学内容的丰富与更新

技术的推动使得教学内容变得更加丰富和更新。通过网络和多媒体技术，教育者可以及时获取和传播最新的知识和信息，将前沿科技、科学发现、社会热点等内容融入教学中，使教育内容更加贴近现实生活，满足学生的求知欲和好奇心。

### （七）教育评估的科技化与客观化

技术的推动使得教育评估变得更加科技化和客观化。通过应用大数据和人工智能技术，可以实现对学生学习过程和学习成果的全面监测和评估，减少了主观因素的干扰，提高了评估的客观性和准确性，为教育改革和教学质量的提升提供了可靠的数据支持。

技术因素的推动已经为教育体系的创新与改革带来了巨大的影响。它不仅丰富了教学手段和资源，提高了教学质量和效率，还促进了教育的个性化、全球化和普及化发展，推动了教育体系向数字化、智能化、个性化的方向迈进。

## 二、社会需求的引导

社会需求是推动教育体系创新的另一个重要因素。随着社会经济的发展和人才需求的变化，社会对于教育的要求也在不断提升。教育体系需要适应社会发展的需要，培养适应时代要求的高素质人才。因此，社会需求的引导推动着教育体系不断进行改革与创新，以更好地满足社会的发展需求。

### （一）适应经济发展的人才需求

社会需求的引导促使教育体系更加关注培养适应经济发展需求的人才。随着经济结构的转型和产业升级，社会对于各类专业人才的需求也在不断变化。教育体系需要根据市场需求调整课程设置和教学内容，培养具备相关技能和知识的人才，以满足社会经济发展的需要。

### （二）强调创新创业能力的培养

社会需求的引导推动教育体系更加注重培养学生的创新创业能力。在当前创新驱动的时代背景下，社会对于创新型人才的需求日益增长。因此，教育体系需要通过课程设置、教学方法等方面的创新，培养学生的创新思维和创业精神，提高其解决问题和创新能力，以满足社会对创新型人才的需求。

### （三）关注社会责任和公民意识的培养

社会需求的引导促使教育体系更加关注培养学生的社会责任感和公民意识。随着社会问题的增多和复杂化，社会对于具有社会责任感和公民意识的人才的需求日益迫切。因此，教育体系需要通过课程设置、实践活动等方式，引导学生关注社会问题，培养其为社会做出贡献的意识和能力。

### （四）强调跨文化交流和国际视野

社会需求的引导推动教育体系更加强调培养学生的跨文化交流能力和国际视野。随着经济全球化和文化多样化的发展，社会对于具有跨文化交流能力和国际视野的人才的需求不断增加。因此，教育体系需要通过国际交流项目、跨文化教育等方式，培养学生的跨文化沟通能力和全球意识，使其具备适应国际化发展的能力。

### （五）关注生态环境保护与可持续发展

社会需求的引导促使教育体系更加关注生态环境保护和可持续发展。随着环境问题日益突出和气候变化的严重性日益加剧，社会对于具有环境意识和可持续发展观念的人才的需求越来越高。因此，教育体系需要通过生态教育课程、环境保护实践等方式，培养学生的环境意识和可持续发展观念，使其具备保护环境、促进可持续发展的能力。

### （六）重视终身学习与职业发展

社会需求的引导推动教育体系更加重视终身学习和职业发展。随着科技进步和社会变革的加速，职业知识和技能更新换代的速度越来越快，社会对于具备终身学习能力和职业发展规划的人才的需求日益增加。因此，教育体系需要通过课程设置、职业规划指导等方式，培养学生的终身学习意识和职业发展能力，使其能够适应职业发展的变化和挑战。

### （七）注重人文素养与全面发展

社会需求的引导促使教育体系更加注重培养学生的人文素养和全面发展。虽然技术和经济发展是重要的，但社会也渴望具有人文关怀、情感智慧和综合素养的人才。因此，教育体系需要通过人文教育课程、艺术体验活动等方式，培养学生的人文情怀和综合素养，使其成为具有高尚品德和全面发展的人才。

社会需求的引导是推动教育体系创新的重要因素之一。教育体系需要不断调整和完善教育内容和方法，以适应社会发展的需要，培养适应时代要求的高素质人才，促进社会的持续发展和进步。

## 三、全球化的挑战

全球化是推动教育体系创新的重要因素之一。在全球化背景下，教育面临着来自全球范围内的竞争和挑战，需要适应国际化的教育趋势，培养具有全球视野和国际竞争力的人才。因此，全球化的挑战促使教育体系进行改革与创新，加强国际交流与合作，提升教育质量和水平。

### （一）国际竞争的压力

全球化带来了国际竞争的加剧，这是教育体系面临的首要挑战。随着国际交流的加深和信息技术的发展，学生不仅与国内同龄人竞争，还需与来自全球各地的优秀学生竞争。这种竞争压力迫使教育体系不断提升教学质量、拓展教育内容，以培养具有国际竞争力的人才。

## （二）跨文化交流的需求

全球化背景下，跨文化交流的需求日益增长，这也是教育体系面临的挑战之一。学生需要具备跨文化沟通能力和国际视野，能够适应不同文化背景下的学习和工作环境。因此，教育体系需要通过国际交流项目、多元文化教育等方式，培养学生的跨文化交流能力，使其具备适应全球化发展的能力。

## （三）国际教育标准的对齐

全球化要求教育体系与国际教育标准对齐，这也是一项重要挑战。学生需要具备与国际接轨的学术水平和专业技能，以适应国际化的教育环境和职场竞争。因此，教育体系需要不断调整教学内容和评价标准，使之与国际接轨，为学生的国际发展提供更好的支持。

## （四）多样化的教育需求

全球化带来了教育需求的多样化，这也是教育体系需要面对的挑战之一。不同国家和地区的学生具有不同的学习需求和教育背景，对教育体系提出了更加丰富和复杂的要求。因此，教育体系需要通过差异化教学、个性化教育等方式，满足不同学生的学习需求，实现教育的包容性和普惠性。

## （五）教育资源的流动与分配

全球化背景下，教育资源的流动和分配面临着更大的挑战。优质教育资源可能会集中于一些发达国家和地区，而一些发展中国家和地区可能面临教育资源匮乏的问题。因此，教育体系需要通过国际合作和资源共享，促进教育资源的平衡分配，实现教育的公平与公正。

## （六）教育体系的国际认可与互认

全球化背景下，教育体系的国际认可和互认成为一项重要挑战。学生需要在国际范围内获得的学历和证书能够得到广泛认可，才能更好地实现国际化发展和职业规划。因此，教育体系需要与国际教育机构和组织合作，推动教育的国际认证和互认，为学生的国际发展提供更好的保障。

### （七）教育创新与国际竞争力

最后，在全球化背景下，教育创新成为提升国际竞争力的关键。教育体系需要不断进行改革与创新，提高教育质量和水平，培养具有创新精神和创造能力的人才，以适应全球化发展的需要，保持国际竞争力的持续增长。

全球化带来了教育体系面临的诸多挑战，包括国际竞争压力、跨文化交流需求、教育标准对齐、教育资源分配、国际认可与互认等方面。面对这些挑战，教育体系需要不断调整和创新，加强国际交流与合作，提升教育质量和水平，为培养具有全球视野和国际竞争力的人才做好准备。

## 四、经济发展的支持

经济发展是推动教育体系创新的重要支撑因素。经济的快速发展为教育提供了充足的物质条件和资源支持，为教育的创新与改革提供了良好的环境。同时，经济的发展也提高了人们对教育的投入和重视程度，促进了教育体系的不断完善和提升。

### （一）教育投入的增加

经济发展为教育体系创新提供了充足的物质条件和资源支持。随着经济的快速增长，政府对教育的投入也在不断增加。教育经费的增加为学校提供了更多的资金支持，用于改善教学设施、更新教学设备、提高教师待遇等方面，从而提升了教育的整体水平和质量。

### （二）教育基础设施的完善

经济发展促进了教育基础设施的建设。随着城镇化进程的加快和经济水平的提高，教育基础设施得到了大幅改善和扩充。新建的学校、图书馆、实验室等教育设施为教育教学提供了更好的场所和条件，为学生提供了更好的学习环境，提高了教育资源的利用效率。

### （三）教育科研的创新

经济发展为教育科研提供了更多的支持。随着经济的快速增长，企业和政府对教育科研的投入也在不断增加。这些投入为教育科研提供了更多的研究资金和技术支持，推动了教育科研的创新和进步，为教育体系的发展提供了更多的理论和实践支撑。

### （四）教育产业的发展

经济促进了教育产业的蓬勃发展。随着教育产业的兴起，教育市场的竞争也在不断加剧。各类教育机构和培训机构纷纷涌现，为学生提供了更多元化、个性化的教育服务和培训项目。这种竞争激励了教育机构提高教学质量、创新教学方法，促进了教育体系的不断改革与创新。

### （五）人才培养的优化

经济发展优化了人才培养体系。随着经济结构的不断调整和产业升级，对人才的需求也在不断变化。经济发展推动了教育体系调整专业设置、优化课程设置，培养更符合市场需求的人才。这种人才培养的优化提高了教育的实用性和针对性，为经济发展提供了更多的人力资源支持。

### （六）教育改革的推进

经济发展推动了教育改革的不断推进。随着经济的发展和社会的进步，人们对教育的需求也在不断变化，这促使教育体系进行改革与创新。经济的发展为教育改革提供了更多的动力和条件，为教育体系的进一步提升和完善提供了有力支持。

### （七）国际合作与交流的加强

经济发展推动了国际合作与交流的加强。随着经济全球化进程的加速，各国之间的教育合作与交流日益密切，为教育体系的改革与创新提供了更广阔的空间和机遇。通过与其他国家和地区的教育机构合作，分享经验、借鉴先进教育理念和技术，促进了教育体系的跨越式发展和提升。

经济发展为教育体系创新提供了重要支撑。它不仅提供了充足的物质条件和资源支持，还促进了教育的改革与创新，推动了教育体系的不断完善和提升。在经济的持续发展下，教育体系将有望迎来更加广阔的发展前景和更高水平的发展成就。

# 五、政策导向的引领

政策导向是推动教育体系创新的重要引领因素。政府制定的教育政策和规划对于教育体系的发展具有重要的指导作用。政策导向可以促使教育体系不断适应社会发展的需要，推动教育的创新与改革，促进教育的持续发展。

## （一）教育改革的指导方针

政策导向通过制定教育改革的指导方针，推动教育体系创新。政府将教育发展纳入国家发展战略的重要组成部分，明确了教育发展的总体目标和发展方向。这些指导方针为教育改革提供了明确的政策导向，引领教育体系不断适应社会发展的需要，促进教育的持续发展和提升。

## （二）教育体制的改革与创新

政策导向推动教育体制的改革与创新。政府通过制定相关政策和法规，促进教育管理体制和运行机制的改革，推动教育体系朝着更加开放、灵活、多样化的方向发展。这种改革和创新使得教育体系能够更好地适应社会发展的需要，提高教育的质量和效率。

## （三）课程设置与教学方法的更新

政策导向引导课程设置与教学方法的更新。政府通过教育政策的制定和调整，鼓励学校和教育机构不断更新课程设置，推动教学内容与时俱进，紧跟社会发展的潮流。同时，政策导向还促使教育体系采用多种灵活的教学方法，如项目化学习、实践教学等，提高教学效果和学生的综合素质。

### （四）教师队伍建设与培训

政策导向推动教师队伍建设与培训。政府通过制定相关政策和规划，加大对教师队伍建设的支持力度，提高教师的职业素养和教育水平。政策导向还促使教育机构加强对教师的培训与发展，提供更多的培训资源和机会，使教师能够不断提升专业技能和教学水平，更好地适应教育改革的需要。

### （五）教育投入与资源保障

政策导向保障教育投入和资源。政府通过财政投入、政策扶持等方式，加大对教育事业的支持力度，保障教育的经费和资源，促进教育公平和发展。政策导向还鼓励社会力量参与教育事业，推动教育资源的共享和共建，促进教育的可持续发展。

### （六）教育评价与监督机制

政策导向建立教育评价与监督机制。政府通过制定相关政策和法规，建立健全的教育评价体系和监督机制，对教育质量和教学效果进行评估和监控，促进教育体系不断改进和提升。政策导向还鼓励开展教育研究和评估，为政策制定和教育改革提供科学依据和支持。

### （七）国际合作与交流

政府通过制定相关政策和计划，鼓励教育机构加强与国际合作伙伴的交流与合作，推动教育资源的共享和国际化发展，促进教育体系的开放和交流，提升教育的国际影响力和竞争力。

政策导向是推动教育体系创新的重要引领因素，通过制定相关政策和规划，引导教育体系不断适应社会发展的需要，促进教育的创新与改革，推动教育的持续发展和提升。

## 六、教育者的专业素养

教育者的专业素养也是推动教育体系创新的关键因素之一。教育者的教育理念、教育技能和教育创新意识直接影响着教育的质量和水平。具有高水平的教育者能够不断探索教育教学的新模式和新方法，推动教育体系的创新与改革。

### （一）教育理念的更新与引领

教育者的专业素养体现在其教育理念的更新与引领。具有高水平专业素养的教育者能够关注教育理论和实践的前沿，不断吸收新知识、新理念，将其融入自己的教育实践中。他们能够积极探索教育的发展方向，引领教育体系朝着更加科学、人性化、全面发展的方向发展。

### （二）教育技能的提升与创新

教育者的专业素养还表现在其教育技能的提升与创新。高水平的教育者具备丰富的教学经验和专业知识，能够灵活运用各种教学方法和手段，设计并实施符合学生特点和学科特性的教学活动。他们不断探索教学的新模式和新技术，创新教学方法，提高教学效果和学生的学习动力。

### （三）教育研究与实践的结合

教育者的专业素养还体现在其教育研究与实践的结合上。高水平的教育者注重教育理论与实践的结合，通过教学实践不断验证和完善教育理论，通过教育研究解决实际教学中的问题。他们深入了解学生的学习需求和特点，针对性地开展教育改革和创新，为教育体系的发展提供科学依据和实践经验。

### （四）个性化教育与关怀

高水平的教育者能够实施个性化教育，并关心学生的成长和发展。他们注重培养学生的个性特长和创新能力，尊重学生的个体差异，采取灵活多样的教学方法和评价方式，激发学生的学习兴趣和潜力。他们关心学生的身心健康，建立良好的师生关系，为学生提供良好的成长环境和人文关怀。

### （五）终身学习与专业发展

高水平的教育者具备终身学习的意识和专业发展的动力。他们不断学习和更新教育理论和知识，积极参与教育培训和学术交流，提升自己的教育水平和专业素养。他们关注教育领域的最新动态和趋势，不断反思和改进自己的教育实践，以适应教育体系创新的需求。

### （六）团队合作与协同育人

高水平的教育者注重团队合作和协同育人。他们积极参与学校和教育机构的团队合作，分享教学经验和教育资源，共同探讨教育问题和解决方案。他们与家长和社会各界建立良好的合作关系，共同育人，促进学生全面发展和社会责任感的培养。

### （七）教育创新与实践探索

高水平的教育者具备教育创新与实践探索的能力。他们积极倡导教育创新，勇于尝试教育改革和教学实践的新模式和新方法，不断探索教育的前沿问题和解决方案。他们鼓励学生勇于创新和实践，培养学生的创造精神和实践能力，推动教育体系朝着更加开放、包容、创新的方向发展。

在教育者的专业素养的引领下，教育体系得以不断推动创新与改革，为学生的全面发展和社会的进步做出积极的贡献。

## 七、学生需求与反馈

学生需求与反馈也是推动教育体系创新的重要因素之一。学生是教育的主体，他们的需求和反馈直接影响着教育的发展方向和内容。因此，教育体系需要重视学生的需求与反馈，不断调整教学内容和方式，满足学生的学习需求，促进教育体系的持续改进与创新。

## （一）学生需求的重视与倾听

学生需求与反馈是教育体系创新的重要因素之一。学生是教育的中心和受益者，他们对于教学内容、教学方式、学习环境等方面有着直接的需求和反馈。因此，教育体系需要重视学生的需求，倾听他们的声音，将其作为教育改革和创新的重要依据。

## （二）个性化学习需求的满足与引导

不同学生具有不同的学习需求和兴趣特点，教育体系需要通过个性化的教学方式和内容，满足学生的个性化学习需求。通过教育技术的应用和课程设置的灵活性，教育体系可以更好地引导学生发现和发展自己的兴趣和潜能，实现个性化学习路径的设计和实施。

## （三）反馈机制的建立与改进

为了更好地倾听学生的声音和反馈，教育体系需要建立健全的反馈机制。通过定期的问卷调查、听课反馈、学生代表会议等形式，收集学生的意见和建议，了解他们的学习体验和需求。同时，教育体系需要及时对反馈信息进行分析和总结，及时调整教学内容和方式，改进教育质量和水平。

## （四）学生参与教育管理与决策

学生参与教育管理和决策也是教育体系创新的重要途径之一。通过建立学生议会、学生代表团等组织，鼓励学生参与教育管理和决策，促进学生与教育管理者之间的沟通和互动。学生的参与可以更好地反映学生的需求和意见，推动教育体系朝着更加民主、开放、人性化的方向发展。

## （五）鼓励学生创新与实践

教育体系需要鼓励学生进行创新与实践，为他们提供实践机会和创新平台。通过项目学习、实践实习、科研活动等形式，激发学生的创新意识和实践能力，培养他们解决问题和应对挑战的能力。教育体系可以借助学生的创新力量，推动教育体系的不断创新和发展。

### （六）学生心理健康与情感关怀

教育体系需要关注学生的心理健康和情感需求，提供心理健康教育和心理咨询服务。通过建立心理健康教育课程、学生心理健康服务中心等形式，关心学生的心理健康成长，提供情感支持和关怀。学生的心理健康和情绪稳定是其学习和成长的重要保障，也是教育体系创新的重要保障。

学生需求与反馈是推动教育体系创新的重要因素，教育体系需要重视学生的需求，倾听他们的声音，通过个性化学习、建立反馈机制、学生参与管理与决策、鼓励学生创新与实践以及关心学生心理健康等措施，不断满足学生的学习需求，促进教育体系的持续改进与创新。

教育体系创新的驱动因素包括技术因素、社会需求、全球化挑战、经济发展、政策导向、教育者的专业素养以及学生需求与反馈等多个方面。这些因素相互作用、相互促进，共同推动着教育体系的不断发展与进步。

# 第四节　教育体系创新的实施路径

## 一、政策制定与规划

在教育体系创新的实施路径中，首先需要进行政策制定与规划。政府部门应制定与教育创新相适应的政策和规划，明确教育改革的目标、方向和措施。这些政策和规划应充分考虑社会需求、教育现状和发展趋势，为教育体系的创新提供政策保障和指导。

### （一）政策制定与规划的关键性

政策制定与规划在教育体系创新中具有至关重要的地位。教育是国家发展的基石，政府的政策和规划直接影响着教育的发展方向和效果。因此，制定与教育创新相适应的政策和规划，是推动教育体系创新的第一步。

### （二）政策制定的目标与导向

政府部门在制订教育政策和规划时，应明确教育改革的目标和导向。这些目标和导向应该符合国家发展的战略规划，反映社会的需求和期望，为教育体系创新提供明确的政策指引。政策制定应该围绕着提高教育质量、促进教育公平、推动教育现代化等方面进行，以实现教育的全面发展和人才培养的目标。

### （三）规划的全面考量与协调

在教育体系创新的规划过程中，需要进行全面的考量和协调。政府部门应综合考虑社会经济发展状况、教育资源配置情况、教育现状和需求等因素，制定科学合理的教育发展规划。这些规划应该包括教育目标的设定、政策措施的安排、资源的配置和管理等方面，确保教育体系创新能够顺利实施并取得实效。

### （四）社会需求与教育改革的结合

政策制定与规划应充分考虑社会的需求和期望，与教育改革相结合。政府部门应广泛听取社会各界的意见和建议，了解社会对于教育的需求和期待，将其纳入到教育政策和规划中。同时，政府还应根据社会发展的需求，不断调整和完善教育政策，确保教育体系创新能够与社会需求相适应。

### （五）国际经验与国情结合的灵活性

在制定教育政策和规划时，政府部门还应充分借鉴国际经验，结合本国国情进行灵活运用。可以通过国际交流与合作，学习和借鉴其他国家的成功经验和教训，为本国教育体系的改革和创新提供借鉴和参考。同时，还应根据我国的国情和发展阶段，灵活调整和完善教育政策，保证教育改革与国家发展的需要相一致。

### （六）落实与监督的有效性

政策制定与规划需要确保落实和监督的有效性。政府部门应加强对教育政策和规划的实施情况进行监督和评估，及时发现和解决问题，确保政策措施的有效落实。同时，还应加强对教育改革和创新的宣传和推广，提高社会对教育政策和规划的认同度和支持力度，推动教育体系创新不断向前发展。

## 二、资源投入与保障

教育体系创新需要充足的资源投入与保障。政府应增加对教育事业的投入，提高教育经费的使用效率，保障教育基础设施建设和教育资源配置的公平性。同时，还需要鼓励社会各界参与教育事业，共同推动教育体系的创新与发展。

### （一）资源投入的重要性

资源投入与保障是教育体系创新不可或缺的一环。充足的资源是支撑教育体系创新和发展的基础，对教育的质量和效果起着至关重要的作用。因此，政府和社会各界应当共同努力，确保教育资源的充足投入和有效保障。

### （二）政府教育经费的增加与管理

政府应增加对教育事业的投入。教育经费是教育发展的基础，政府应当提高教育经费占国民经济总量的比例，加大对教育的财政支持。同时，政府还应加强对教育经费的管理和使用监督，确保教育经费的合理分配和有效利用。

### （三）教育基础设施建设的优先发展

需要加大对教育基础设施建设的投入和保障。教育基础设施是教育教学活动的重要载体，直接影响着教育质量和效果。政府应加强对学校、教学场所、实验室、图书馆等教育设施的建设和改善，提高教育资源的质量和水平。

## （四）教育资源配置的公平性与效率性

教育资源应当合理分配到各个地区和学校，确保教育公平和教育资源的均衡发展。此外，还需要提高教育资源的使用效率，充分发挥教育资源的潜力，实现教育资源的最大化利用。

## （五）社会各界参与的积极推动

除了政府投入外，还需要鼓励社会各界积极参与教育事业。企业、社会组织、个人等都可以通过捐赠、赞助、资助等形式，为教育事业提供支持和帮助。政府应加强对社会各界参与的引导和管理，激发社会各界参与教育事业的积极性和创造性，共同推动教育体系的创新与发展。

## （六）长期发展规划的制订与实施

需要制订和实施长期的教育发展规划。教育是长期性的事业，需要长期规划和持续投入。政府应根据国家发展的需要和教育事业的现状，制订中长期的教育发展规划，明确教育改革的目标和路径，为教育体系创新提供长期的政策保障和支持。

# 三、师资队伍建设与培训

教育体系创新的实施路径中，师资队伍建设与培训是至关重要的一环。教育机构应加强对教师队伍的培训与发展，提高教师的教育理念和教学水平。通过开展教师培训、专业发展计划等措施，促进教师的专业素养提升，为教育体系创新提供有力支持。

## （一）师资队伍建设与培训的关键性

在教育体系创新的实施路径中，师资队伍建设与培训是至关重要的一环。教师是教育事业的中坚力量，他们的教育理念、教学水平和专业素养直接影响着教育的质量和效果。因此，教育机构应加强对教师队伍的培训与发展，提高教师的教育理念和专业水平，为教育体系创新提供有力支持。

### （二）教师培训的重要性

通过开展系统全面的教师培训，可以帮助教师更新教育理念，了解最新的教育理论和教学方法，提高教学水平和专业能力。教师培训还可以促进教师之间的交流与合作，激发教师的创新意识和探索精神。

### （三）专业发展计划的实施

教育机构应制订并实施专业发展计划，为教师的成长和发展提供支持和保障。专业发展计划应结合教师个人的实际情况和发展需求，制订个性化的培训和发展方案，帮助教师规划职业生涯和提升职业素养。这样可以激励教师的工作积极性和责任心，促进教育体系的创新与发展。

### （四）教师团队建设与协作

教育机构还应加强教师团队建设与协作，形成良好的团队氛围和合作机制。教师团队是教育事业的重要支撑，通过建立相互信任、合作共赢的团队关系，可以有效地促进教师之间的交流与合作，共同推动教育体系的创新与发展。

### （五）鼓励教师创新与实践

教育机构还应鼓励教师进行教育创新与实践，提高教育体系的创新能力和适应能力。教师可以通过开展教育研究、设计教学方案、参与教育项目等形式，积极探索教育教学的新模式和新方法，不断丰富教学内容和教学手段，为教育体系的创新与发展注入新的活力。

### （六）持续评估与反馈

教育机构还应建立持续的评估与反馈机制，及时了解教师培训和发展的效果，发现问题和不足，并及时进行调整和改进。通过不断地评估与反馈，可以帮助教育机构更好地了解教师的培训需求和发展方向，为教师的成长和发展提供有效的支持和保障。

## 四、课程设计与教学改革

在当前迅速发展的社会背景下，高校课程设计与教学改革已成为教育体系创新的关键内容。为适应时代发展的需求，教育机构必须重新审视和优化课程设置，将目光聚焦于结合社会需求和学生特点，设计具有前瞻性和针对性的课程。这意味着课程设计需要更贴近实际，更关注学生的个性发展，更具灵活性和多样性。在这一过程中，教育者需不断更新观念，拓展思路，以促进高等教育的持续发展。

教学改革的关键在于改变传统的教学方式和评价体系。传统的课堂教学往往以教师为中心，注重传授知识，而忽视了学生的参与和实践能力的培养。因此，教学改革需要推动教育教学模式的创新与发展。一方面，教师应当转变角色，从知识传授者转变为学习引导者，引导学生自主探究，激发他们的学习兴趣和创造力。另一方面，应注重提升课堂互动性，采用更加灵活多样的教学方法，如案例分析、小组讨论、项目实践等，以激发学生的学习热情和主动性。

评价体系的改革同样至关重要。传统的考试评价往往只注重学生的记忆和应试能力，难以全面反映学生的综合素养和能力水平。因此，应该探索多元化的评价方式，包括课堂表现、作业质量、项目成果、学科竞赛等多种形式以及对学生综合素养的评价。这样的评价体系能够更准确地反映学生的学习成果和个性发展，促进他们全面发展。

高校课程设计与教学改革是教育体系创新的必然要求。只有不断调整课程设置，改革教学方法和评价体系，才能适应社会的发展需求，培养具有创新精神和实践能力的人才，推动教育事业的长远发展。

## 五、科研与实践结合

教育体系创新需要科研与实践的密切结合。教育机构应加强科研力量建设，鼓励教师和研究人员开展教育研究和实践探索。通过开展教育实验、科研项目等形式，探索教育创新的新途径和新方法，为教育体系的持续发展提供理论支持和实践经验。

## （一）科研与实践结合的重要性

教育体系创新需要科研与实践的密切结合。科研能够为教育体系的改革提供理论支持和科学指导，而实践则能够检验和验证理论的可行性，推动教育创新的落地和实施。因此，教育机构应加强科研力量建设，鼓励教师和研究人员开展教育研究和实践探索，以促进教育体系的持续发展。

教育机构应加强科研力量建设。科研人员是教育体系创新的中坚力量，他们的科学研究和理论探索为教育改革提供了重要支撑。因此，教育机构应该加强对科研人员的队伍建设，提高他们的科研水平和创新能力，为教育体系的创新与发展提供强有力的理论支持。

## （二）鼓励教育实验和科研项目

教育机构应鼓励教师和研究人员开展教育实验和科研项目。教育实验是检验教育理论和方法的有效手段，可以发现问题、探索解决方案，为教育改革提供实践基础和经验总结。科研项目则是深入探讨教育问题的重要途径，可以促进教育理论的创新和教育实践的提升，为教育体系的创新与发展提供理论支撑和实践经验。

## （三）探索教育创新的新途径和新方法

通过开展教育实验和科研项目，可以探索教育创新的新途径和新方法。教育机构可以结合实际情况和教育需求，开展针对性的科研项目和实践活动，深入探讨教育问题的根源和解决方案，为教育体系的创新提供有益的借鉴和启示。

## （四）理论支持和实践经验的提升

科研与实践的结合，不仅可以提升教育理论的科学性和实践性，还可以丰富教育实践的经验积累和知识储备。科研成果可以为教育实践提供理论支持和指导，而实践经验则可以为科研工作提供现实基础和数据支持，相辅相成，共同推动教育体系的创新与发展。

# 六、社会参与与合作

## （一）社会参与与合作的必要性

教育体系创新需要社会各界的广泛参与和合作。在当今社会，教育已经不仅是学校内部的事务，而是一个涉及政府、学校、家庭、企业等多方面的复杂系统。因此，各方共同肩负起教育改革和创新的责任，通过合作与协作，共同推动教育体系朝着更加开放、包容、创新的方向发展。

## （二）政府的引领与规划

政府在教育体系创新中扮演着重要角色。政府应当制定相应的教育政策和规划，明确教育改革的目标和方向，并为其提供政策支持和资源保障。政府还应引导和促进各方参与教育事业，营造良好的政策环境和社会氛围。

## （三）学校的教育实践与创新

学校作为教育的主要承担者，也需要积极参与和推动教育体系的创新。学校应根据教育政策和社会需求，加强教育教学改革，推动课程改革、教学方法改革、评价机制改革等方面的创新实践，为学生提供更优质的教育服务。

## （四）家庭的教育参与和支持

家庭是教育的重要基础，家长的参与和支持对学生的教育成果有着重要影响。家长应积极关注学生的学习情况，与学校建立良好的沟通渠道，配合学校的教育工作，共同关注学生的身心健康和全面发展。

## （五）企业的社会责任与投入

企业作为社会的重要组成部分，也应该承担起教育的社会责任。企业可以通过开展教育捐赠、设立奖学金、提供实习机会等方式，为教育事业提供支持和帮助，共同推动教育体系的发展。

## （六）社会组织的协作与合作

此外，社会组织也可以发挥重要作用。非政府组织、慈善机构等社会力量可以参与到教育事业中来，为弱势群体提供教育支持，促进教育资源的均衡分配和社会公平。

## （七）多方参与的合作机制的建立

需要建立多方参与的合作机制。政府、学校、家庭、企业、社会组织等各方应加强沟通与协作，形成良好的合作关系和协作机制，共同推动教育事业的发展。只有各方通力合作，才能实现教育体系的创新与进步，为社会培养更多更优秀的人才。

教育体系创新的实施路径应包括政策制定与规划、资源投入与保障、师资队伍建设与培训、课程设计与教学改革、科研与实践结合以及社会参与与合作等六个层面，共同推动教育体系朝着更加科学、人性化、全面发展的方向迈进。

# 第三章　高校教育体系结构优化

## 第一节　高校教育体系的基本组成要素

### 一、教学与学术研究机构

教学与学术研究机构是高校教育体系中的核心组成部分。这些机构包括各个学院、系部以及研究中心等。学院负责开设各类专业课程，进行教学活动；系部则负责教学与科研的管理与协调；研究中心则是进行学术研究和科学研究的重要单位。这些机构共同构成了高校的教学与研究基础，是高等教育体系的主要载体。

### （一）专业课程开设与教学活动

学院是高校教学体系中的核心单位，负责开设各类专业课程并组织教学活动。通过教学，学院传授学科知识与专业技能，培养学生的综合素质和专业能力。学院的教学工作直接影响着学生的学习成果和毕业质量，是高等教育的基础。

### （二）教学与科研的管理与协调

系部作为教学与科研管理的重要机构，负责协调和管理学院的教学与科研工作。它承担着规划课程设置、组织教学活动、管理教学资源、评估教学质量等职责，保证教学活动的有序进行。同时，系部还促进教学与科研的融合，推动科学研究成果向教学实践转化，提升教学水平和科研能力。

### （三）学术研究与科学研究

研究中心是高校的学术研究和科学研究的重要单位，是产生学术成果和科研成果的主要场所。通过开展学术研究和科学研究，研究中心推动学科发展，促进科技进步，为社会发展提供智力支持。同时，研究中心还培养研究人才，推动高校的学术声誉和科研实力，提升高等教育的整体水平。

教学与学术研究机构是高校教育体系中不可或缺的组成部分，它们共同构成了高校的教学与研究基础，为培养人才、推动学科发展和社会进步发挥着重要作用。

## 二、教师队伍

教师队伍是高校教育体系中不可或缺的重要组成部分。优秀的教师队伍是高等教育质量的重要保障。教师队伍包括教授、副教授、讲师等各级职称的教师以及科研人员和实验技术人员等。他们承担着教学、科研和社会服务等多方面的任务，对于培养学生的综合素质和创新能力起着至关重要的作用。

### （一）承担教学任务

教师是高校教育的主要实施者，他们承担着课程教学、实验指导、毕业设计指导等教学任务。通过教学活动，教师传授学科知识，培养学生的专业技能和实践能力，促进学生的综合素质和创新能力的全面提升。

### （二）贡献科研成果

教师队伍中的科研人员通过开展科学研究，取得研究成果，为学科发展和科技进步做出贡献。他们在科研项目的申报、论文的发表、专利的申请等方面发挥着重要作用，推动学科领域的前沿进展。

## （三）支撑学术声誉

优秀的教师队伍是高校学术声誉的重要支撑。教师的学术水平和科研成果直接影响着学校的学术声誉和排名。通过在学术会议上发表论文、获得学术奖项等方式，教师们为学校树立良好的学术形象，提升学校的学术声誉。

## （四）保障人才培养质量

教师队伍是学生人才培养的主要质量保障力量。优秀的教师能够通过教学活动引导学生，激发学生的学习兴趣，提高学生的学习效果。同时，他们在课程设计、教学方法和评估体系的建设方面发挥着重要作用，保障人才培养的质量。

## （五）社会服务与合作

教师队伍积极参与社会服务和产学研合作，促进高校与社会各界的交流与合作。他们通过技术咨询、技术转移、人才培训等方式，为地方经济发展和社会进步提供智力支持和技术支持。

## （六）学术传承与创新

优秀的教师队伍能够传承学术传统，推动学科发展。他们通过指导学生参与科研项目、组织学术讨论、培养学术继任人才等方式，促进学科的传承与创新，推动学术领域的发展。

## （七）文化传播与社会影响

教师队伍作为社会文化的传播者和引领者，在传播优秀文化、推动社会进步方面发挥着重要作用。他们通过教学、科研、学术交流等活动，传播人文精神和科学知识，引导社会舆论，提升学校的社会影响力和文化软实力。

教师队伍是高校教育体系中不可或缺的重要组成部分，他们的优秀素质和辛勤付出直接关系到高等教育质量和学校的发展水平。

# 三、学生群体

学生群体是高校教育体系的主要对象和受益者。他们是高等教育的主体，承担着未来社会发展和建设的重任。学生群体包括本科生、研究生以及来自不同背景和专业的学生。高校教育体系的目标是为学生提供优质的教育资源和学习环境，培养他们的专业技能、创新思维和综合能力，使其成为社会各个领域的人才储备。

## （一）主体和受益者角色

学生是高等教育的主体，他们是教育体系的受益者。通过接受高等教育，学生获取知识、技能和经验，实现自身的成长和发展，从而为个人未来的职业生涯和社会角色做好准备。

## （二）未来社会发展的重要力量

学生群体代表着未来社会的发展方向和动力。他们接受的教育将直接影响到未来社会的发展方向和速度。因此，高等教育的质量和内容对于塑造学生群体的素质和未来发展方向至关重要。

## （三）本科生与研究生

学生群体包括本科生和研究生两个主要类别。本科生在大学阶段接受基础知识和技能的培养，注重综合素质和基础能力的培养；而研究生则在深入学术领域的同时，注重科学研究和创新能力的培养，是未来学术和专业领域的中坚力量。

## （四）多样性和包容性

学生群体的多样性体现了高等教育的包容性和多元化。来自不同背景、专业、地区和文化的学生相互交流、学习，促进了文化的交流和社会的进步。这种多样性为学生提供了更广阔的发展空间和交流平台。

### （五）专业技能与创新思维培养

高校教育体系旨在培养学生的专业技能、创新思维和综合能力。学生在学校接受的教育不仅仅是知识的传授，更是思维方式和能力的培养。通过项目实践、科研活动、实习实训等形式，学生得以提升解决问题的能力、创新能力和团队合作精神。

### （六）社会责任与公民意识

高等教育不仅注重学生的专业技能培养，也注重培养其社会责任感和公民意识。通过通识教育、人文素养课程等，学生接受文化熏陶，树立正确的价值观念，担负起社会责任，成为社会发展的积极参与者。

### （七）国家未来发展的重要支撑

学生群体是国家未来发展的重要支撑力量。他们在各个领域的专业知识和技能的应用，将为国家的经济建设、科技创新、社会管理等方面做出重要贡献，成为社会进步和发展的中坚力量。

学生群体作为高校教育体系中的主要对象和受益者，在未来社会发展中承担着重要责任和使命。高等教育体系应致力于为学生提供优质的教育资源和学习环境，全面培养其专业技能、创新思维和综合能力，为其成为社会各个领域的人才储备和社会发展的推动力量奠定基础。

## 四、教育管理机构

教育管理机构是高校教育体系中的重要支撑部门。这些机构包括教务处、学生处、科研处、人事处等，负责高校的日常管理和运行。教育管理机构的工作涉及教学管理、学生管理、科研管理、人事管理、综合管理与服务等方面，是保障高校正常运转和教育质量的重要保障。

## （一）教学管理

教务处是负责教学管理的重要机构，其主要职责包括制订教学计划、安排课程表、组织教学评估、管理考试招生等。教务处通过规范的管理流程和制度，保障教学活动的顺利进行，维护教学质量和教学秩序。

## （二）学生管理

学生处是负责学生管理的机构，其主要职责包括学生招生、生源管理、学籍管理、学生活动管理、心理健康教育等。学生处通过提供全方位的服务和管理，关注学生的成长和发展，维护学生的权益，促进学生的全面发展。

## （三）科研管理

科研处是负责科研管理的部门，其主要职责包括科研项目管理、科研成果管理、科研经费管理等。科研处通过规范的管理制度和政策支持，促进科研活动的开展，提升科研水平和科研成果转化效率。

## （四）人事管理

人事处是负责人事管理的机构，其主要职责包括人事档案管理、人员招聘与选拔、人员考核与评价、职称晋升等。人事处通过科学的人事管理制度，保障教职员工的权益，激励人才成长，促进人才队伍的建设和稳定。

## （五）综合管理与服务

教育管理机构还承担着高校日常管理和服务保障的综合职责，如校园设施管理、后勤保障、安全管理、信息化建设等。通过高效的综合管理和服务保障，为教育教学工作提供有力支持，营造良好的教育环境。

教育管理机构是高校教育体系中不可或缺的重要组成部分，其工作涵盖教学管理、学生管理、科研管理、人事管理等多个方面，是高校正常运转和教育质量的重要保障。这些机构通过规范的管理制度和有效的服务保障，为教育事业的发展提供坚实支撑。

# 五、教学资源

教学资源是高校教育体系的重要支撑。教学资源的充足与否直接关系到高等教育的质量和水平。高校应不断完善和提升教学资源，为师生的教学和科研活动提供良好的条件和保障。

## （一）教学设施

教学设施包括教室、实验室、讲演厅等，是进行教学活动的重要场所。充足、舒适的教学设施能够提供良好的学习环境，促进师生之间的互动和交流，提升教学效果和学习体验。

## （二）教学设备

教学设备包括多媒体教学设备、实验仪器设备等，是支持教学活动的重要工具。先进的教学设备能够提供更丰富、更直观的教学内容，激发学生的学习兴趣，促进知识的传授和掌握。

## （三）图书馆

图书馆是高校教学和科研的重要支撑，拥有丰富的图书、期刊和电子资源。学生和教师可以在图书馆中进行阅读、借阅和研究，获取所需的学术资料和信息，开展学习和科研活动。

## （四）实验室

实验室是进行科学研究和实践教学的重要场所，拥有先进的实验设备和技术支持。充足的实验室设施能够为学生提供丰富的实践机会，促进理论与实践的结合，提升学生的实践能力和创新意识。

## （五）网络资源

网络资源包括校园网络、网络教学平台等，是支持在线教学和学习的重要基础。通过网络资源，学生可以获取在线课程、教学资料、参与在线讨论等，实现随时随地的学习和交流。

## （六）科研资源

科研资源包括科研设施、科研项目支持、科研人员等，是支撑科学研究活动的重要保障。充足的科研资源能够为教师、学生提供良好的科研条件和支持，促进科研成果的产出和转化。

教学资源是高校教育体系中不可或缺的重要组成部分，其充足与否直接关系到高等教育的质量和水平。高校应不断完善和提升教学资源，为师生的教学和科研活动提供良好的条件和保障，推动教育事业的发展和进步。

# 六、教学科研环境

教学科研环境是高校教育体系的重要组成部分。良好的教学科研环境能够激发师生的学习和研究热情，促进教学和科研活动的开展和提升。高校应努力营造积极向上的教学科研环境，为教育体系的发展提供良好的氛围和条件。

## （一）学术氛围

良好的学术氛围是教学科研环境的核心要素之一。高校应该建立积极向上的学术氛围，鼓励师生进行学术交流和合作，促进学科的发展和进步。学术讲座、学术论坛、学术研讨会等活动的举办能够为师生提供学术交流和学习的平台，激发学术创新和思想碰撞。

## （二）科研氛围

良好的科研氛围是教学科研环境的重要组成部分。高校应该建立科学严谨的科研氛围，鼓励教师和学生积极参与科研活动，推动科研成果的产出和转化。科研项目的支持、科研团队的建设、科研成果的奖励等措施能够激发科研活动的热情和动力。

## （三）教学氛围

良好的教学氛围是教学科研环境的重要组成部分之一。高校应该建立鼓励创新和探索的教学氛围，培养学生的创新精神和实践能力。教学方法的创新、教学资源的丰富、教学评价的科学性等措施能够提升教学质量和效果。

## （四）实践机会

良好的教学科研环境应该为师生提供充足的实践机会。高校应该加强实践教学和科研实践，让学生在实践中掌握知识、培养能力。实习实训、科研项目、社会实践等活动能够为学生提供实践锻炼的机会，提高其综合素质和实践能力。

## （五）资源支持

良好的教学科研环境需要得到充分的资源支持。高校应该加强对教学科研设施和资源的建设和投入，提高教学设备的先进性和科研资源的丰富性。只有充足的资源支持，才能够保障教学科研活动的顺利开展和提升。

## （六）创新文化

良好的教学科研环境应该营造创新文化，鼓励师生勇于创新和实践。高校应该倡导创新思维和创业精神，为师生提供创新创业的支持和平台。只有不断创新，才能够推动教育事业的发展和进步。

良好的教学科研环境对于高校教育体系的发展和提升具有重要意义。高校应该努力营造积极向上的教学科研环境，为师生的学习和研究提供良好的氛围和条件，推动教育事业的不断发展和进步。

# 第二节 教学体系的优化与调整策略

## 一、高校教学体系的优化策略

高校教学体系的优化是指通过改进和提升教育教学的各个方面，以达到提高教育质量和效果的目的。以下是一些高校教学体系优化的策略。

### （一）课程设置与教学内容更新

在当今快速变化的时代，课程设置与教学内容的更新至关重要。随着科技和产业的迅速发展以及社会需求的不断变化，高校必须定期评估和更新课程设置，以确保教学内容与时俱进，满足行业需求和学生的学习需求。随着科技的进步和创新，新兴领域的课程日益受到关注。在课程设置方面，高校应增设与前沿科技相关的课程，如人工智能、大数据分析、区块链技术等，以满足学生对于新技术的学习需求。这些课程不仅可以帮助学生了解最新的科技趋势，还能够培养他们的创新思维和实践能力。

跨学科的交叉融合在课程设置和教学内容更新中也占据着重要地位。现实世界的问题往往是复杂多样的，需要跨学科的知识和技能来解决。因此，高校应该注重跨学科的教学模式，将不同学科的知识和理念融合在一起，培养学生的综合能力和创新意识。提高课程的针对性和实用性是课程设置与教学内容更新的重要目标。高校应该根据行业需求和社会发展趋势，调整课程内容，注重培养学生的实践能力和应用能力。可以通过开设实践性强的课程、组织实地考察和实习实训等方式，让学生学以致用，更好地适应未来的职业发展。

定期评估和更新课程设置与教学内容是高校教学体系优化的关键一环。通过增设前沿科技、跨学科的课程以及提高课程的针对性和实用性，可以更好地满足学生的学习需求，培养他们的综合能力和创新意识，促进教育教学的质量和效果的提升。

## （二）创新教学方法

教学方法的创新是高校教学体系不断发展和提升的重要动力。随着科技的不断进步和教育理念的更新，推广应用新的教学方法和技术已成为当前教育改革的重要方向。从传统的讲授式教学向互动式教学、项目式学习以及远程教育等多元化的教学模式转变，将注重学生的主动参与和实践，进一步培养学生的创新能力和解决问题的能力。互动式教学是一种强调师生互动、学生之间互动以及学生与教材互动的教学方式。通过小组讨论、问题解答、案例分析等方式，激发学生的思维，增强他们的学习兴趣和参与度。互动式教学可以打破传统的单向传授模式，促进师生之间的良性互动，使教学更加生动和有效。

项目式学习强调学生通过完成实际项目来学习知识和技能。学生通过独立或团队合作完成项目任务，从实践中获取经验和教训，培养解决实际问题的能力和团队合作精神。项目式学习注重学生的实际操作和应用能力，有助于培养学生的创新思维和实践能力。远程教育利用现代信息技术手段，实现教育资源的共享和教学内容的传递。通过网络教学平台、在线课程、远程视频会议等方式，实现师生之间的远程互动和教学活动的全球化。远程教育不受地域和时间的限制，能够满足学生个性化学习需求，提供灵活多样的学习方式。

教学方法的创新是高校教学体系不断发展和提升的关键一环。推广应用互动式教学、项目式学习以及远程教育等新的教学方法和技术，有助于激发学生的学习兴趣和主动性，培养其创新能力和解决问题的能力。这些创新举措将促进高校教育的质量和效果的提升，推动教育事业的不断发展。

## （三）建立评估与监督机制

建立健全的教学评估和监督机制是高校教育质量的重要保障措施。通过定期的评估和监测，可以全面了解教学活动的开展情况，及时发现问题并采取有效措施加以改进。在这个过程中，学生评教、教学考核等方式的反馈意见起着至关重要的作用。通过学生对教学过程和教师的评价，可以客观地了解教学质量和教师教学水平。高校可以通过设立在线评教平台或者举办评教活动，鼓励学生提出意见和建议，从而及时了解学生对教学的满意度和不满意度，为改进教学提供重要参考。

通过定期组织教学考核，可以对教学过程和教师的教学效果进行客观评价。教学考核可以包括课堂教学观摩、教学成果展示、学生作品评比等多种形式，从不同角度评估教学质量，发现问题，探索解决之道。建立完善的教学评估和监督机制还需要注重教学过程的实时监测和反馈。可以通过课程质量监控系统、学生学习情况跟踪系统等技术手段，对教学过程进行实时监测和数据分析，及时发现问题和异常情况，及时采取措施加以调整和改进。

建立健全的教学评估和监督机制需要加强教学管理部门和教师队伍的配合和支持。教学管理部门应该加强对评估和监督工作的组织和领导，提供必要的支持和资源。教师队伍应该积极参与评估和监督工作，接受评价和反馈，不断提升教学水平，促进教育质量的提高。建立健全的教学评估和监督机制对于提升高校教育质量和促进教学改革发展至关重要。学生评教、教学考核等方式的反馈意见将为教学质量的改进提供宝贵的参考，为实现高质量教育目标提供有力支持。

## （四）实践教学和校企合作

实践教学和校企合作是高校教育体系中不可或缺的重要组成部分，它们旨在促进理论与实践相结合，为学生提供更加实用的教育经验和职业发展机会。实践教学能够让学生在真实的工作场景中应用所学知识，锻炼解决问题的能力和实践技能。通过实习实训等活动，学生能够更加深入地了解所学专业的实际运作情况，增强自信心和职业素养，为未来的就业做好充分准备。

校企合作项目为学生提供了与企业实践接轨的机会。通过与企业开展合作项目，学生可以参与实际的工程项目、科研项目或者创新创业项目，从而接触到真实的行业需求和挑战。校企合作还可以为学生提供实习、就业和创业的机会，提高他们的就业竞争力和实际操作能力。校企合作不仅有利于学生个人的职业发展，也对高校教育体系的发展具有重要意义。通过与企业合作，高校可以更好地了解行业需求和发展趋势，调整课程设置和教学内容，提高教育质量和教学水平。同时，校企合作还可以促进科研成果的转化和产业化，推动科技创新和社会经济发展。

要加强实践教学和校企合作，需要加强高校与企业之间的沟通和合作机制建设。高校应积极与企业开展合作项目，制订合作协议，明确双方的责任和义务。同时，高校还应建立健全实践教学管理机制，加强对实践教学环节的组织和管理，确保教学目标的顺利实现。加强实践教学和校企合作是高校教育体系优化和提升的重要举措。通过实践教学和校企合作，可以促进理论与实践相结合，提高学生的实际操作能力和就业竞争力，推动高校教育质量的不断提升和教学改革的深入发展。

### （五）学生个性化培养

学生个性化培养是高校教育体系中的重要任务之一，它强调了对每个学生独特需求的关注和支持，旨在为学生提供更加个性化的学习体验和发展机会。重视学生个性化需求意味着高校需要了解并尊重每个学生的学习特点和需求。每个学生都具有不同的学习风格、兴趣爱好、学习能力和职业目标。因此，高校应该通过各种方式，如定期的学习风格测评、个人谈话、学业规划等，了解学生的个性化需求，为其提供针对性的学习支持和指导。

设立学业辅导中心、职业规划指导中心等机构是实现学生个性化培养的重要举措之一。学业辅导中心可以为学生提供学习技巧培训、学习策略指导、学科辅导等服务，帮助学生提高学习效率和学术水平。职业规划指导中心则可以为学生提供职业咨询、实习就业指导、职业规划辅导等服务，帮助学生更好地规划自己的职业发展路径。个性化培养还需要注重课程设置和教学方法的灵活性和多样性。高校可以根据学生的个性化需求和学科特点，设计灵活多样的课程设置和教学方式，满足不同学生的学习需求。例如，可以开设个性化导师制度，为每个学生分配一位专门负责指导和辅导的导师，帮助学生解决学习和生活中的困难。

学生个性化培养需要加强师资队伍建设和教育管理机制改革。教师应具备足够的教育教学能力和学生管理能力，能够根据学生的个性化需求提供有效的指导和支持。教育管理机构应加强对个性化培养工作的组织和协调，建立健全的个性化培养管理体系，促进学生个性化需求与学校教育资源的有效对接。学生个性化培养是高校教育体系优化和提升的重要举措之一。通过重视学生个性化需求、设立学业辅导中心和职业规划指导中心、灵活多样的课程设置和教学方式以及加强师资队伍建设和教育管理机制改革等措施，可以更好地实现学生个性化需求，促进其全面发展和个人成长。

## 二、高校教学体系的调整策略

高校教学体系的调整是指根据教育发展趋势和需求，进行结构和内容的调整和改革，以适应时代发展和社会需求。以下是一些高校教学体系调整的策略。

### （一）调整课程结构

随着时代的变迁和社会的发展，高校课程结构调整已成为提升教育质量和适应社会需求的重要举措。在这一过程中，根据社会需求和学科发展趋势，对课程结构和设置进行调整，优化专业布局是至关重要的。随着科技和产业的快速发展，新兴专业的需求逐渐增加。因此，高校应该根据社会需求和市场变化，增设新兴专业，以满足人才培养的需求。例如，人工智能、物联网、区块链等新兴领域的专业需求日益增长，高校可以增设相关专业，并根据行业需求调整课程内容，提高专业对接度和实用性。

随着社会发展的变化，一些传统专业的课程内容可能已经滞后，需要进行更新和调整。通过对课程内容的调整，可以使之更加贴近行业发展和实际需求，提高学生的学习兴趣和就业竞争力。例如，在工程类专业中，可以增加相关领域的前沿知识和技术，提高学生的科研能力和实践能力。高校应该根据学科发展趋势和社会需求，调整专业结构，优化学科布局。通过增设相关专业和调整学科方向，可以更好地适应社会的发展需求，提高人才培养的质量和效益。例如，可以根据市场需求增设新的跨学科专业，提供更多选择和发展机会。

课程结构调整是高校教育体系优化的重要举措之一。通过根据社会需求和学科发展趋势，调整课程结构和设置，增设新兴专业，调整课程内容，提高专业对接度和实用性，可以更好地适应时代发展的需求，为学生的学习和就业提供更好的支持和保障。

## （二）合理配置教学资源

教学资源的充足与否直接关系到高等教育的质量和水平。为了提升教育教学的质量，高校需要合理配置教学资源，并不断提升教学设施和设备水平。加大投入力度，改善教学条件，不仅可以提高师生学习和科研的舒适度和效率，还能够促进教学科研环境的优化和提升。高校需要根据学科特点和教学需求，合理配置教室、实验室、图书馆等教学设施，以满足师生的学习和科研需求。通过科学规划和布局，充分利用现有资源，确保教学资源的充足和合理利用。

高校应该加强对教学设施和设备的更新和改造，引进先进的教学设备和技术，提高教学条件和教学效果。例如，更新实验室设备、购置先进的多媒体教学设备，为师生提供更加优质的教学资源和学习环境。加大投入力度是优化教学资源配置的重要保障。高校应该加大对教学资源的投入，增加教育教学的经费和资金投入，确保教学资源的持续更新和提升。可以通过政府支持、校企合作、捐赠基金等多种渠道筹集资金，保障教学设施和设备的改善和更新。

改善教学条件不仅可以提高师生学习和科研的舒适度和效率，还能够促进教学科研环境的优化和提升。良好的教学条件不仅能够吸引优秀的师资和学生，还能够提高教学效果和学术水平，促进学校的整体发展和提升。合理配置教学资源、提升教学设施和设备水平、加大投入力度、改善教学条件是优化教学体系的重要举措。通过不断改善教学条件，提升教学资源的质量和水平，可以更好地满足师生的学习和科研需求，推动高等教育事业的发展和进步。

### （三）加强教学团队建设

在高校教学团队建设方面，是促进教育质量提升的关键举措之一。通过加强教学团队的建设和培训，能够有效提升教师的教学水平和科研能力，从而更好地满足教育教学的需求。在此背景下，优化师资结构、引进和培养高水平的教学人才以及提高教学队伍整体素质成为当务之急。针对现有的教学队伍，需要进行精准的人才分析和评估，明确教师队伍中的短板和不足，以便有针对性地进行培训和引进工作。通过合理配置教师资源，使得各个学科领域都能够有着稳定、高水平的师资支持。

高水平的教学人才不仅具备扎实的学科知识和丰富的教学经验，还能够在教学方法、教学手段等方面带来新的理念和实践。因此，高校可以通过设立专门的引才计划，吸引国内外优秀的教学人才加入团队；同时，也需要加大对现有教师的培训力度，提升其教学水平和科研能力，使其不断适应教育教学的新需求。提高教学队伍整体素质需要综合施策。除了以上提到的优化结构和引进人才外，还需要加强团队建设，搭建交流平台，促进教师之间的经验分享和合作。同时，建立健全的激励机制，对优秀教学人才给予肯定和奖励，激发其教学热情和创造力。

高校教学团队建设是一个系统工程，需要多方面的努力和措施配合推进。只有不断优化师资结构，引进和培养高水平的教学人才，并加强整体素质的提升，才能够更好地适应和应对教育教学的新形势，推动高等教育事业持续健康发展。

### （四）改革教学管理机制

高校教学管理机制的改革是一项持续进行的重要任务，旨在提高教学管理效率和服务水平，以满足不断变化的教育需求和社会发展的要求。优化教务管理流程、简化教学程序、提高教学组织和管理的灵活性和效率是该改革的核心目标。传统的教务管理流程可能存在烦琐、低效的问题，例如课程安排、教学资源分配等方面需要更加精细化和科学化。通过引入信息化技术，建立高效的教务管理系统，实现课程、教师、学生等资源的动态调配和优化，可以大大提高教务管理的效率和质量。

过多的教学程序和烦琐的流程可能会增加教学负担，影响教学效率。因此，需要简化教学程序，精简教学环节，提高教学过程的流畅度和连贯性。同时，注重教学方法和手段的创新，采用多样化的教学模式和活动形式，激发学生的学习兴趣和积极性，提高教学效果。灵活的教学组织和管理可以更好地适应多样化的教学需求和学生特点，提高教学质量和效果。通过建立开放式的教学管理机制，鼓励教师和学生参与教学管理的决策和实践，促进教学过程的民主化和平等化，增强教学管理的透明度和公正性。

高校教学管理机制的改革是一项系统工程，需要全面推进各方面的改革举措，从优化教务管理流程、简化教学程序，到提高教学组织和管理的灵活性和效率，都是重要的工作内容。只有不断完善教学管理机制，才能更好地提高教学质量和服务水平，实现高校教育的可持续发展。

## （五）提倡跨学科交叉融合

跨学科交叉融合是当前高等教育领域的一项重要趋势，其核心在于促进不同学科之间的合作与创新，以推动知识的整合和跨领域问题的解决。为此，鼓励跨学科的交叉合作和融合创新成了高校教育改革的重要内容之一。通过设立跨学科研究中心、开设交叉学科课程等举措，旨在促进学术界和教育界的跨界合作，培养学生的综合素质和创新能力。在传统的学科划分下，学术界往往存在学科壁垒，各学科之间缺乏有效的交流与合作。而跨学科交叉融合打破了学科的界限，为各学科之间的交流搭建了桥梁。通过设立跨学科研究中心、举办学术研讨会等方式，不同学科的专家学者可以集聚一堂，共同探讨跨领域问题，促进学术思想的碰撞和交流。

在传统的学科体系下，学生往往只接受单一学科的知识和培训，难以全面发展自己的能力。而跨学科交叉融合则能够为学生提供更加丰富多样的学习资源和机会，让他们在跨学科的学习环境中接触到不同领域的知识和思想，培养出更加全面和综合的素质。同时，跨学科的合作与创新也能够激发学生的创造力和创新精神，培养他们解决复杂问题的能力和意识。跨学科交叉融合是一种促进学术发展和人才培养的重要模式，有助于推动知识的整合和创新的发展。通过鼓励跨学科的交流与合作，培养学生的综合素质和创新能力，可以为高等教育的改革与发展注入新的活力和动力，推动学校实现更加全面和高质量的教育目标。

## （六）加强课程评估和调整

加强课程评估和调整工作是高校教育的重要环节，旨在不断提升教学质量和适应市场需求的变化。通过根据市场需求和学生反馈情况，及时调整课程设置和内容，建立动态调整机制，可以保持课程的时效性和适应性，确保教学目标与社会需求保持一致。通过对课程的评估，可以全面了解课程的教学效果、学生的学习情况以及教学资源的利用情况等，及时发现存在的问题和不足，并针对性地进行改进和调整。评估可以从多个角度进行，包括学生学习成绩、教学过程中的反馈、毕业生就业情况等，从而为课程调整提供有力的依据。

根据市场需求和学生反馈情况，及时调整课程设置和内容是课程评估的重要内容之一。随着社会的不断变化和发展，市场需求也在不断调整，教育培养的人才也需要不断适应这种变化。因此，高校课程应当根据市场需求和行业发展的变化，及时调整课程设置和内容，保持课程的时效性和适应性，确保学生毕业后能够顺利就业并适应社会的需要。建立动态调整机制是保持课程的时效性和适应性的重要保障。课程调整应当是一个动态的过程，需要不断收集和分析市场信息、学生反馈等数据，及时调整课程设置和内容。建立灵活的调整机制，使课程调整能够及时有效地响应社会变化和教学需求的变化，确保教学质量和教育效果的持续提升。

加强课程评估和调整工作，根据市场需求和学生反馈情况，及时调整课程设置和内容，建立动态调整机制，是保持课程的时效性和适应性的重要途径。只有不断调整和优化课程，才能更好地满足社会的需求，提高教育质量，培养出更加适应社会发展需要的高素质人才。高校教学体系的优化与调整需要从课程设置、教学方法、师资队伍、评估机制、资源配置等多个方面进行综合考虑和改进，以不断提升教育质量和适应社会需求的变化。

# 第三节　管理体系的创新与提升

## 一、信息化管理

引入信息化技术，建立现代化的教育管理信息系统。通过数据分析和信息化手段，实现对学生学习情况、教师教学水平、课程资源利用等方面的监控和评估，为教育管理决策提供科学依据。

### （一）建立全面的教育管理信息系统

引入信息化技术，建立涵盖学生管理、教师管理、课程管理等方面的教育管理信息系统。该系统应包括学生档案管理、选课管理、成绩管理、教师教学档案管理、课程管理等模块，实现对教育管理全流程的覆盖和管理。同时，该系统应具备跨平台、多终端的特性，方便教育管理人员随时随地进行信息查询和管理操作。

### （二）对数据进行分析与挖掘

利用信息化手段，对系统中积累的大量数据进行深度分析和挖掘。通过数据分析，可以发现学生学习情况的规律、教师教学水平的特点、课程资源利用的状况等信息，为教育管理人员提供科学的决策依据。例如，可以通过分析学生成绩数据，及时发现学习困难学生并给予帮助；通过分析教师评价数据，评估教师的教学效果并提供针对性的培训和支持。

### （三）监控与评估

借助信息化技术，实现对学生学习情况、教师教学水平、课程资源利用等方面的监控与评估。教育管理人员可以通过系统实时监测学生的学习状态和表现，及时发现问题并采取相应措施；对教师的教学过程进行监控和评估，及时发现教学中存在的问题并提供改进建议；对课程资源的利用情况进行监测和分析，为课程调整和资源优化提供依据。

## （四）支持决策制定

信息化管理系统为教育管理决策提供科学依据和技术支持。教育管理人员可以通过系统获取到的数据和分析结果，制定针对性的教育政策和管理措施。例如，根据学生的学习情况调整课程设置和教学计划；根据教师的教学效果调整师资培训和评价机制；根据课程资源利用情况进行资源配置和优化。

## （五）提升管理效率与服务水平

信息化管理系统的建立和应用可以有效提升教育管理的效率和服务水平。通过自动化处理和信息化管理，可以减少人力资源的投入和管理成本，提高工作效率和管理水平。同时，系统的开放性和便捷性也能够为学生、教师提供更加便利和高效的服务，提升用户满意度和教育质量。

# 二、精细化管理

实施精细化管理，强化对教学过程的监督和管理。建立教学评估机制，定期对教学质量进行评估，对教学活动进行精细化管理，提高教学质量和效率。

## （一）建立综合评估机制

精细化管理的首要任务是建立综合的教学评估机制。这一机制应涵盖课程设置、教学过程、学生学习情况等多个方面，采用定量和定性相结合的方法，全面评估教学质量。评估内容应包括教学目标达成情况、教学资源利用效率、教学方法有效性等，以便全面了解教学的实际情况，为下一步的精细化管理提供依据。

## （二）建立个性化教学档案

针对每位学生建立个性化的教学档案是精细化管理的关键之一。通过收集学生的学习情况、课堂表现、作业成绩等数据，建立学生的个性化档案，并对其进行定期更新和维护。这样的档案可以帮助教师更好地了解学生的学习特点和需求，针对性地进行教学设计和辅导，提高教学的针对性和有效性。

### （三）优化教学资源配置

精细化管理要求对教学资源进行精细化配置，确保资源的最优利用。通过对教室、实验室、图书馆等教学资源进行科学调配，合理安排教学时间表，避免资源的浪费和闲置。同时，加强对教学设施和设备的维护和更新，保障教学环境的良好，为教学活动提供良好的保障。

### （四）实施教学过程监控

建立教学过程监控机制，对教学活动进行实时监控和反馈是精细化管理的重要手段。通过教学观摩、教学记录、学生评价等方式，及时了解教学过程中存在的问题和不足，并及时采取措施加以改进。这样可以确保教学活动的顺利进行，有效提升教学质量。

### （五）推动教学改革创新

精细化管理要求不断推动教学改革和创新，促进教学质量的持续提升。通过开展教学研讨会、教学竞赛等活动，鼓励教师积极参与教学改革，探索新的教学方法和手段，不断提高教学质量和效率。同时，鼓励教师和学生之间的互动和合作，激发教学活动的活力和创造力，为教学的精细化管理提供更多的动力和支持。

精细化管理是高校教育管理体系不可或缺的重要环节，通过建立综合评估机制、个性化教学档案、优化资源配置、实施教学过程监控和推动教学改革创新等手段，可以全面提升教学质量和效率，为高校教育事业的发展注入新的活力和动力。

## 三、开放式管理

开放式管理是一种以民主、透明、参与为特征的管理模式，它不仅能够激发组织成员的积极性和创造力，还能够提高管理效率和决策质量。在高校教育管理中，倡导开放式管理，鼓励教师和学生参与管理决策，对于促进教育事业的健康发展具有重要意义。以下是开放式管理在高校教育管理中的五个方面。

## （一）建立多层次的管理机制

开放式管理的首要任务是建立多层次、多元化的管理机制。这一机制应该包括学校领导层、各学院、系部、教研室等多个层级，形成一个立体的管理网络。在此基础上，可以建立教师代表会、学生代表会等机构，为教师和学生提供参与管理的平台和渠道。

## （二）鼓励教师和学生参与管理决策

开放式管理要求学校管理者主动倾听教师和学生的意见和建议，鼓励他们积极参与管理决策。可以通过召开座谈会、征求意见、开展民主评议等方式，广泛听取教师和学生的意见，建立起教师和学生与管理者之间的沟通渠道和互动平台。

## （三）加强管理信息的公开和透明

开放式管理要求管理者主动向教师和学生公开管理信息，增强管理的透明度和公正性。可以通过建立管理信息发布平台、定期公布管理决策和执行情况等方式，及时向教师和学生通报管理动态，让他们了解学校的管理工作和决策过程。

## （四）建立民主决策机制

开放式管理要求建立民主决策机制，确保管理决策的民主和科学。可以通过建立决策委员会、制定决策程序和规范，实行多数决定原则等方式，确保教师和学生在管理决策中发挥应有的作用，实现管理的科学和民主。

## （五）促进管理的科学化和规范化

开放式管理要求促进管理的科学化和规范化，确保管理工作的有效开展和顺利进行。可以通过建立管理制度和流程、明确管理职责和权限、完善管理评价机制等方式，提高管理工作的科学性和规范性，为教育管理的健康发展提供保障。

倡导开放式管理，鼓励教师和学生参与管理决策，对于提升管理的透明度和公正性，促进管理的科学化和规范化，推动高校教育事业的健康发展具有重要意义。通过建立多层次的管理机制、鼓励参与管理决策、加强管理信息的公开和透明、建立民主决策机制以及促进管理的科学化和规范化，可以实现教育管理的民主、科学、高效。

## 四、创新管理

推动管理理念的创新，注重以学生为中心的教育理念。倡导个性化教育，根据学生的不同特点和需求，灵活调整教学内容和方式，提供多样化的学习机会和资源。

### （一）建立以学生为中心的教育理念

创新管理的首要任务是建立以学生为中心的教育理念。这一理念强调将学生置于教育活动的核心位置，关注学生的发展需求和个性特点，促进学生全面发展。教育管理者应当转变观念，将学生的需求和利益放在第一位，以此为指导，推动教育管理的创新和发展。

### （二）倡导个性化教育

创新管理倡导个性化教育，即根据学生的不同特点和需求，灵活调整教学内容和方式，提供多样化的学习机会和资源。教育管理者应当充分尊重学生的个性差异，采用多样化的教学方法和手段，满足学生的个性化学习需求，激发学生的学习兴趣和潜能。

### （三）建立学生导向的评价体系

创新管理要求建立学生导向的评价体系，即以学生的学习效果和发展情况为评价标准，全面评估教学质量和教育效果。这种评价体系应包括学生成绩评价、学生参与度评价、学生满意度评价等多个方面，旨在全面了解学生的学习情况和成长进程，为教学的持续改进提供依据。

### （四）推动课程创新和教学改革

创新管理要求推动课程创新和教学改革，不断提升教学质量和教育效果。教育管理者应当鼓励教师积极参与课程设计和教学改革，探索新的教学模式和手段，推动课程内容的更新和教学方法的改进，确保教学的前沿性和适应性。

### （五）加强教师培训和专业发展

创新管理要求加强教师培训和专业发展，提高教师的教育水平和教学能力。教育管理者应当建立健全的教师培训机制，开展多样化的培训活动，关注教师的专业发展需求，为教师提供良好的成长环境和发展空间，不断提升教师的教育水平和教学能力。

创新管理是推动高校教育管理发展的关键之一。通过建立以学生为中心的教育理念、倡导个性化教育、建立学生导向的评价体系、推动课程创新和教学改革以及加强教师培训和专业发展等手段，可以实现教育管理的创新和提升，为高等教育事业的持续发展注入新的活力和动力。

## 五、跨部门协作管理

加强跨部门协作管理是提升高校教育管理效率和质量的关键措施之一。通过推动教育资源的共享和优化利用，建立教学资源共享平台，促进不同学科和院系之间的合作与交流，可以有效促进跨学科教育的发展。

### （一）建立共享平台

建立教学资源共享平台是加强跨部门协作管理的基础。该平台可以是一个网站或者是一个虚拟的平台，旨在集中存储和分享各类教学资源，包括课程资料、教学方法、教学案例等。通过这样的平台，不同学科和院系可以方便地分享和交流资源，促进资源的共享和优化利用。

## （二）促进交流与合作

加强跨部门协作管理的关键在于促进不同学科和院系之间的交流与合作。可以通过举办跨学科研讨会、专题讲座等活动，为教师提供交流的平台，激发他们的创新和合作意识。同时，建立跨学科教研团队，组织跨学科教学项目，促进各学科之间的交流和合作，推动跨学科教育的发展。

## （三）共同制订教学计划

为加强跨部门协作，各学科和院系可以共同制订教学计划。通过共同制订教学计划，可以使不同学科的教学内容有机地结合起来，形成有机的教学体系。这样有助于增强学生的综合素质和能力，提高教学的质量和效果。

## （四）促进资源共享与优化

跨部门协作管理应重点关注教育资源的共享和优化利用。不同学科和院系之间可以共享教学资源，如实验设备、教材、教学技术等，避免资源的重复建设和浪费。同时，可以通过资源整合和优化利用，提高资源的利用效率，为教学工作提供更好的保障。

## （五）鼓励跨学科项目合作

为推动跨学科教育的发展，跨部门协作管理可以鼓励各学科和院系之间开展跨学科项目合作。通过开展跨学科项目合作，可以促进不同学科之间的交流与合作，实现知识的跨界整合，培养学生的综合素质和创新能力，推动教育教学的创新和发展。

## （六）制订跨学科教学政策

为加强跨部门协作管理，有必要制订相关的跨学科教学政策。这些政策可以明确跨学科教学的目标和任务，规范跨学科教学的组织和实施方式，为跨学科教育提供制度保障和政策支持。

### （七）加强评估与反馈

加强跨部门协作管理需要建立有效的评估与反馈机制。通过定期对跨学科教育的评估和反馈，及时发现问题和不足，加以改进和调整，不断提升跨学科教育的质量和效果。

加强跨部门协作管理是提升高校教育管理水平和促进教育教学质量的重要举措。通过建立共享平台、促进交流与合作、共同制定教学计划、资源共享与优化、跨学科项目合作、制订跨学科教学政策以及加强评估与反馈等方式，可以有效促进不同学科和院系之间的交流与合作，推动跨学科教育的发展。

## 六、国际化管理

国际化管理是当今高校教育管理中至关重要的一环。通过强化国际化管理视野，积极参与国际教育合作与交流，学校能够借鉴国际先进管理经验，吸收国际优质教育资源，从而提升学校的国际竞争力和影响力，推动高等教育的国际化发展。

### （一）制订国际化战略和规划

国际化管理的第一步是制订国际化战略和规划。学校应该明确国际化发展的愿景和目标，确定国际合作与交流的重点领域和目标国家或地区。同时，制订具体的实施计划和措施，明确责任分工和时间节点，确保国际化战略的顺利实施。

### （二）建立国际化团队和机构

学校需要建立专门的国际化管理团队和机构，负责统筹和协调国际化事务。这个团队应该由具有国际化背景和经验的专业人士组成，负责开展国际合作项目、招募国际学生、推动国际交流等工作，确保国际化工作的顺利推进。

### （三）加强国际交流与合作

国际化管理要求学校加强与国外高校、科研机构、企业等的交流与合作。

可以通过签署合作协议、开展学术交流、共同承办国际会议等方式，加强国际合作关系，拓展国际合作领域，提升学校在国际上的影响力和地位。

### （四）招收国际学生和教师

学校应该积极招收国际学生和教师，增加学校的国际化氛围和影响力。可以通过设立奖学金、开设英语授课课程、招募国际知名教师等方式，吸引更多的国际学生和教师来校学习和工作，丰富学校的国际化人才队伍。

### （五）推动课程国际化建设

学校应该推动课程国际化建设，开设与国际接轨的课程和项目，提升教育教学水平和质量。可以引进国外优质课程和教材，开设国际化课程、双学位项目等，满足学生的多样化学习需求，提高学生的国际竞争力。

### （六）加强国际化研究与科研合作

国际化管理要求学校加强国际化研究与科研合作。可以通过参与国际性科研项目、开展国际合作研究、组织国际学术交流等方式，促进学校的科研水平和国际影响力的提升。

### （七）建立国际化品牌形象

国际化管理要求学校建立国际化的品牌形象。可以通过加强国际宣传推广、提升学校在国际排名中的地位、组织国际性活动等方式，树立学校在国际上的良好形象，增强学校的国际竞争力和吸引力。

国际化管理是提升学校国际竞争力和影响力的重要途径。通过制订国际化战略和规划、建立国际化团队和机构、加强国际交流与合作、招收国际学生和教师、推动课程国际化建设、加强国际化研究与科研合作以及建立国际化品牌形象等方式，可以有效推动高等教育的国际化发展，提升学校在国际上的竞争力和地位。

# 第四节 资源配置体系的优化与合理化

## 一、高校资源配置体系的优化

高校资源配置体系的优化是提高教育教学效率和质量的关键。以下是高校资源配置体系优化的几个方面。

### （一）教学资源配置

在高校教育中，教学资源的优化配置是保障教学质量和提升教学效率的关键措施之一。教学资源的合理配置不仅可以满足学生的学习需求，还可以提高教学环境的舒适度，促进教学工作的顺利开展。针对不同课程的教学特点和学生人数，科学规划教室的使用方式和时间安排，确保教室资源的充分利用。通过灵活的教室调配和排课安排，合理分配教室资源，避免资源的浪费和闲置，最大程度地满足教学需求。

随着科学技术的发展和教学需求的提升，实验室设备的更新和升级显得尤为重要。学校应定期对实验室设备进行检查和评估，及时淘汰老化和陈旧的设备，引进先进的实验设备和技术，提高实验教学的质量和效果。另外，图书馆藏书更新也是教学资源优化配置的重要方面。图书馆作为学校的重要教学资源之一，其藏书数量和质量直接影响着学生的学习效果和教学质量。因此，学校应定期对图书馆藏书进行更新和扩充，根据学科发展和学生需求，增加相关的新书和电子资源，为学生提供丰富的学习资料和信息资源。

通过科学的数据分析和评估，确定教学资源的优先级和分配比例，是教学资源优化配置的重要手段。学校可以利用现代信息技术，建立教学资源管理系统，实现对资源的动态监控和调配，根据实际情况和需求变化，及时调整和优化资源配置方案，确保教学资源的合理利用和有效管理。针对课程设置和学生需求进行教学资源优化配置，是高校教育管理中的一项重要工作。

通过合理规划教室利用、实验室设备更新、图书馆藏书更新等方面的努力，可以更好地满足学生的学习需求，提高教学质量和效率，促进教育教学事业的持续发展。

## （二）师资队伍配置

在高等教育中，师资队伍是教学质量和学生发展的关键因素之一。对教师队伍进行优化配置，合理安排教学工作量和科研任务，以及加强师资队伍的培训和发展，是实现教育教学目标、优化资源配置的重要举措。学校应根据学科发展需求和教学质量要求，合理确定教师的教学工作量和科研任务。这需要学校对教师的专业背景、教学经验以及科研成果进行全面评估，针对教师的特长和兴趣，合理分配教学和科研任务，充分发挥教师的优势和潜力，提高教学效率和质量。

学校应制订并实施针对性的教师培训计划，包括教学方法、课程设计、科研能力等方面的培训内容，提高教师的教学水平和科研能力。此外，学校还应鼓励教师参与学术交流和专业发展，支持教师参加学术会议、研讨会等活动，拓宽教师的学术视野，促进教师的专业成长和发展。另外，建立科学的教师评价体系也是优化师资队伍配置的重要举措。学校应建立健全的教师评价机制，包括对教学效果、学生评价、同行评审等多维度进行评价，及时发现和解决教学中存在的问题，提高教师的教学水平和教学质量。通过对教师的绩效评价，对教师进行激励，激发教师的工作积极性和创造性，进一步优化资源配置。

对教师队伍进行优化配置，包括合理安排教学工作量和科研任务、加强师资队伍的培训和发展、建立科学的教师评价体系等方面，是提高教学效果和学校教育教学质量的重要保障。学校应注重制定和实施相应的政策和措施，不断完善教师队伍管理体系，促进教师队伍的稳定发展，进一步优化教育资源配置，推动高等教育事业的健康发展。

## （三）课程设置与学科发展的衔接

在高等教育中，课程设置与学科发展的衔接是确保教学质量和满足学生需求的关键环节。将课程设置与学科发展有机衔接，不仅能够促进学科的发展和进步，还能够提高教学效果和学生满意度。根据学科发展趋势和社会需求调整和优化课程设置是课程与学科发展衔接的重要举措。随着科学技术的不断发展和社会需求的不断变化，学科发展呈现出新的趋势和特点。学校应及时调整和优化课程设置，增设新的前沿课程、热点课程和实践课程，满足学生对新知识、新技术的学习需求，提高课程的针对性和实用性。

确保课程内容与学科前沿和学生需求相符是课程与学科发展衔接的关键要素之一。课程设置应与学科的核心内容和研究方向相一致，注重培养学生的创新意识和实践能力。学校可以通过组织专家评审、听取学生意见等方式，对课程内容进行评估和调整，确保课程的前沿性和实用性，提高教学质量和学生满意度。加强跨学科课程设置是促进课程与学科发展衔接的重要途径之一。跨学科课程能够打破学科界限，促进不同学科之间的交流与合作，培养学生的综合素质和创新能力。学校可以通过开设跨学科课程、组织跨学科项目等方式，促进课程与学科的有机衔接，推动教学资源的优化利用，提高教学效果和学生满意度。

建立健全的课程评估机制也是确保课程与学科发展衔接的关键举措之一。学校应建立健全的课程评估体系，包括对课程设置、课程内容、教学方法等方面进行评估，及时了解和掌握课程的优缺点，为课程调整和优化提供科学依据。通过课程评估，不断完善课程设置，促进课程与学科发展的有机衔接，提高教学质量和学生满意度。将课程设置与学科发展有机衔接是提高教学效果和满足学生需求的重要途径。学校应根据学科发展趋势和社会需求，调整和优化课程设置，确保课程内容与学科前沿和学生需求相符，加强跨学科课程设置，建立健全的课程评估机制，不断推动课程与学科发展的有机衔接，提高教学质量和学生满意度。

## （四）信息化技术在资源配置中的应用

信息化技术在高校资源配置中的应用已成为优化资源管理和提高教学效率的重要手段。通过建立教学资源管理系统，学校可以实现对资源的动态监控和调配，从而更加科学地进行资源配置和管理。学校可以利用先进的信息技术，建立一个全面的教学资源管理系统，集成教室资源、实验室设备、图书馆资源等各类资源信息，实现资源的统一管理和动态监控。通过这个系统，可以随时了解各类资源的使用情况和剩余量，及时调配资源，满足教学需求。

利用数据分析和信息化手段，及时了解教学资源的利用情况和需求变化是信息化技术在资源配置中的重要应用。通过对教学资源的使用数据进行分析，可以发现资源的利用率和效率，及时发现资源配置中存在的问题和瓶颈，为资源的合理配置提供科学依据。同时，利用信息化手段可以及时了解教学需求的变化，根据需求情况调整资源配置方案，提高资源的利用效率和教学效果。信息化技术还可以实现资源的动态调配，进一步优化资源配置。通过建立教学资源管理系统，学校可以实现对资源的动态监控和调配，根据实际需求随时调整资源配置方案。比如，在某些时间段教室资源利用率较低的情况下，可以将资源调配给其他时间段需求较大的课程，提高资源的利用效率。

信息化技术还可以促进资源的共享和合作，在资源配置中发挥更大的效益。学校可以建立教学资源共享平台，为不同学科和院系提供资源共享和交流的平台，促进资源的合理利用和优化配置。通过信息化平台，教师和学生可以方便地查询和借用各类教学资源，满足不同学科和课程的教学需求。信息化技术在高校资源配置中的应用是优化资源管理和提高教学效率的重要手段。通过建立教学资源管理系统、利用数据分析和信息化手段、实现资源的动态调配和促进资源的共享合作，可以更加科学地进行资源配置和管理，提高教学效果和满意度。

## （五）跨学科资源共享与合作

跨学科资源共享与合作在高等教育中扮演着重要角色，它能够促进资源的充分利用和提高教学效率，进而推动学校的教育教学事业发展。鼓励不同学科之间的资源共享与合作是跨学科教育的重要举措之一。学校应积极营造跨学科合作的氛围和环境，鼓励不同学科的教师和学生之间进行资源共享和交流，充分发挥学科交叉的优势。通过建立跨学科合作机制和平台，促进不同学科之间的交流与合作，实现资源的互补和优化利用，提高教学资源的效益和利用率。

建立跨学科研究中心是促进跨学科资源共享与合作的重要途径之一。学校可以建立跨学科研究中心，汇聚来自不同学科的优秀教师和学者，围绕跨学科研究课题展开合作研究。通过跨学科研究中心的建立，可以促进学科之间的交流与合作，推动教学资源的跨学科整合和交流，提高资源的利用效率和教学效果。不同学科之间常常存在实验设备和实验室资源的重复建设和浪费现象，共建共享实验室可以有效避免这种情况的发生。学校可以在不同学科之间建立共建共享实验室，集中整合实验设备和实验资源，为不同学科的教学和科研活动提供支持和保障，进一步优化资源配置和提高资源利用效率。

通过跨学科合作，可以实现跨学科教学，开设跨学科课程，为学生提供多样化的学习机会和资源，培养学生的综合素质和创新能力。同时，跨学科合作还可以促进教师的教学团队建设，提高教师的教学水平和科研能力，推动教学模式的创新和发展。鼓励不同学科之间的资源共享与合作是提高资源利用效率和教学效果的重要途径。学校应通过建立跨学科合作机制和平台、建立跨学科研究中心、共建共享实验室等方式，促进跨学科资源的整合和交流，实现资源的优化配置和提高教学效率，推动高等教育事业的持续发展。

## 二、高校资源配置体系的合理化

高校资源配置体系的合理化是确保资源利用的有效性和可持续性的重要保障。以下是高校资源配置体系合理化的几个方面。

### （一）需求分析与资源匹配

需求分析与资源匹配是高校资源配置中至关重要的一环。通过全面的需求分析，学校能够更好地了解内外部的需求情况，从而有针对性地合理匹配资源，以提高资源的利用效率和教学效果。学校应全面分析内外部的需求，以确定资源配置的方向和重点。内部需求主要涉及学生对课程设置、教学设施、实验室资源等方面的需求，而外部需求可能涉及社会对于就业岗位、行业趋势、专业发展等方面的需求。通过对需求的深入分析，学校可以了解到不同方面的需求重点，从而有针对性地调整资源配置方案，确保资源的合理利用。

针对教学资源、师资队伍和课程设置等方面进行详细的需求分析。在教学资源方面，学校需要了解到各类教室、实验室、图书馆等教学设施的利用情况，以及学生对于这些资源的需求情况，从而确定资源的优先级和配置比例。对于师资队伍，学校可以通过对教师的教学水平、科研能力和学科需求等方面进行评估，确定教师的教学和科研任务，合理安排教学工作量。此外，课程设置也应根据学科发展需求和学生需求进行调整和优化，确保课程内容与学科前沿和社会需求相符。学校应建立起灵活的资源匹配机制，及时响应需求变化。随着时代的变迁和社会的发展，需求也会不断变化，学校需要及时了解和掌握这些变化，灵活调整资源配置方案。建立起资源匹配的动态调整机制，能够及时响应内外部需求的变化，确保资源配置的及时性和科学性。

通过对资源配置方案的实施效果进行评估和分析，学校可以了解到资源利用的效益和问题所在，及时调整和改进资源配置方案。同时，学校还应重视对师生的反馈意见，了解到资源配置对于教学效果和学生满意度的影响，进一步完善资源配置方案，提高资源利用效率和教学质量。需求分析与资源匹配是高校资源配置中至关重要的环节。学校应通过全面的需求分析，针对不同方面的需求，合理匹配教学资源、师资队伍和课程设置等方面的资源，建立起灵活的资源匹配机制，并注重对资源配置方案的评估和反馈，以提高资源的利用效率和教学效果。

## （二）资源配置的公平与公正

资源配置的公平与公正是高校资源管理体系的核心要求之一。公平与公正的资源配置不仅是对师生权益的保障，也是学校良好发展的基础。通过科学的评估和考量，避免资源的过度集中和浪费，确保各部门和学科的公平权益，是实现资源配置公平与公正的关键措施。学校应建立科学的资源评估机制，通过对各项资源的数量、质量、利用率等方面进行评估，确定资源的配置标准和优先级。资源的配置应基于客观数据和科学依据，避免主观偏见和不公平现象的发生，确保资源的合理分配。

在资源配置过程中，学校应注意避免资源过度集中在少数学科或部门，导致其他学科或部门资源匮乏的情况。同时，也要防止资源的浪费现象，如教室闲置、设备废弃等。学校应根据实际需求和使用情况，合理配置资源，确保资源的有效利用和公平分配。另外，资源配置应充分考虑各部门和学科的实际需求和特点，保障其公平权益。不同学科和部门之间存在差异，其对资源的需求和利用方式也各不相同。学校应根据各部门和学科的特点和需求，合理配置资源，确保资源的公平分配和充分利用，促进各部门和学科的均衡发展。

建立公开透明的资源配置机制也是保障资源配置公平与公正的重要手段。学校应建立起公开透明的资源配置制度和程序，明确资源配置的标准和程序，公开资源配置的相关信息，接受师生和社会的监督。通过公开透明的资源配置机制，可以有效避免资源配置中存在的不公平现象，保障资源配置的公正性和公平性。建立健全的资源管理和监督机制也是实现资源配置公平与公正的关键举措。学校应建立起专门的资源管理部门或机构，负责资源的统筹管理和监督，确保资源的合理配置和有效利用。同时，学校还应加强对资源配置过程的监督和评估，及时发现和解决存在的问题，不断完善资源管理和配置体系，促进资源配置的公平与公正。

资源配置的公平与公正是高校资源管理体系合理化的基础。通过科学的评估和考量、避免资源的过度集中和浪费、充分考虑各部门和学科的实际需求和特点、建立公开透明的资源配置机制以及建立健全的资源管理和监督机制等措施，可以实现资源配置的公平与公正，推动高校教育事业的健康发展。

## （三）成本控制与效益评估

加强资源成本控制与效益评估对于高校资源管理至关重要。它不仅能确保资源的合理配置和利用，还能够有效提升资源利用效率和教学效果。通过建立成本控制机制和效益评估体系，学校可以实现对资源的动态监控和调整，以及及时评估资源配置的效益，从而不断提升资源配置的科学性和经济性。学校应建立起科学合理的资源成本核算体系，对教学资源、师资队伍、课程设置等方面的成本进行全面统计和分析。通过成本控制机制，学校可以实现对资源成本的实时监控和调控，确保资源的成本控制在合理范围内，避免资源配置过度浪费和不必要的支出。

学校应建立起科学可行的效益评估指标体系，对资源配置的效益进行全面评估和分析。效益评估应包括对教学效果、学生满意度、师生比例、资源利用率等方面的评估，以及对资源利用效率和经济效益的评估。通过效益评估体系，学校可以及时发现资源配置中存在的问题和瓶颈，及时调整和优化资源配置方案，提高资源配置的科学性和经济性。加强资源成本控制与效益评估需要注重定量与定性相结合。除了对资源的成本和效益进行定量分析外，还应结合实际情况对资源的质量、可持续性等进行定性评估。只有定量与定性相结合，才能更全面地评估资源配置的效益和可持续性，为资源配置提供科学依据。

建立起资源成本控制与效益评估的动态调整机制也是必不可少的。随着时代的变迁和社会的发展，资源的成本和效益也会不断变化，学校需要建立起动态调整机制，及时调整资源成本控制和效益评估的标准和指标，以适应新的需求和挑战。加强资源成本控制与效益评估需要强化管理和监督机制。学校应建立起专门的资源管理和监督机构，负责资源成本控制和效益评估工作，确保资源成本控制和效益评估的科学性和准确性。同时，学校还应加强对资源管理和评估工作的监督和检查，及时发现和解决存在的问题，提高资源配置的科学性和经济性。

加强资源成本控制与效益评估是高校资源管理的重要环节。通过建立成本控制机制和效益评估体系，注重定量与定性相结合、动态调整和强化管理以及监督机制，可以实现对资源的科学监控和调整，提高资源配置的经济性和科学性，推动高校教育事业的健康发展。

## （四）灵活调整与动态管理

通过及时调整和优化资源配置方案，学校可以更好地适应学校发展和需求变化的要求，保障资源的合理配置和利用。学校应建立起快速响应机制，建立专门的资源管理和调配机构或团队，负责资源配置方案的调整和优化。该机构或团队应能够及时了解学校的发展需求和资源利用情况，制定相应的调整方案，确保资源配置能够及时、有效地响应学校的发展变化和需求调整。

学校应建立起信息化的资源管理系统，实现对资源的动态监控和调配。通过信息化系统，学校可以实时了解资源的利用情况和需求变化，及时调整资源配置方案，提高资源配置的灵活性和适应性。另外，灵活调整和动态管理需要依托科学的数据分析和评估。学校应建立起科学的数据分析和评估机制，对资源的使用情况和效益进行定期评估和分析。通过数据分析，学校可以及时发现资源配置中存在的问题和瓶颈，制定相应的调整方案，提高资源配置的科学性和经济性。

灵活调整和动态管理需要充分考虑学校的发展战略和教学需求。学校应根据学校的发展战略和教学需求，及时调整和优化资源配置方案，确保资源配置能够服务于学校的发展目标和教学任务。同时，还要充分考虑学科发展和社会需求，调整课程设置和教学内容，提高教学质量和学生满意度。学校应建立起完善的资源管理和监督机制，加强对资源配置方案的监督和评估，确保资源配置能够科学、合理地实施。同时，还要加强对资源管理和调配工作的监督和指导，及时发现和解决存在的问题，保障资源配置的顺利实施。

确保高校资源配置体系具有灵活调整和动态管理的特点是提高资源配置效率和教学质量的关键举措。通过建立快速响应机制、依托信息化技术、科学数据分析和评估、考虑学校发展战略和教学需求以及建立完善的管理和监督机制等措施，可以实现资源配置的灵活调整和动态管理，为高校的持续发展提供有力支撑。

## （五）建立健全的管理制度和流程

建立健全的管理制度和流程是高校资源配置体系合理化的重要保障。这包括资源配置的决策机制、流程规范、责任分工等方面，旨在确保资源配置的科学性和规范性。学校应设立专门的资源配置决策机构，明确资源配置的决策程序和权限范围。该机构应由学校领导和相关部门负责人组成，制订资源配置的战略规划和年度计划，并负责资源配置方案的审批和调整。通过建立科学合理的资源配置决策机制，可以保障资源配置的科学性和公正性。

学校应建立起规范的资源配置流程，明确资源配置的各个环节和责任人，确保资源配置的每一步都符合规定，并严格执行。资源配置流程应包括需求分析、方案制定、评估审批、执行实施等多个环节，确保资源配置的科学决策和规范执行。明确责任分工是实现资源配置科学管理的关键。学校应明确各级管理人员和相关部门的职责和权限，建立起有效的责任分工机制。不同部门和个人应按照职责分工，分工协作，共同推动资源配置工作的顺利开展。通过明确责任分工，可以有效提高资源配置的效率和质量，推动资源配置体系的合理化和规范化。

建立健全的资源配置监督和评估机制也是保障资源配置科学管理的重要手段。学校应建立起专门的资源配置监督和评估机构，负责对资源配置方案的执行情况进行监督和评估。该机构应定期对资源配置的执行情况进行评估和分析，发现存在的问题和不足，并提出改进措施。通过建立健全的资源配置监督和评估机制，可以及时发现和解决资源配置中存在的问题，推动资源配置体系的不断完善。建立健全的管理制度和流程是高校资源配置体系合理化的重要保障。学校应建立科学合理的资源配置决策机制、规范资源配置流程、明确责任分工和建立健全的资源配置监督和评估机制，推动资源配置体系的科学化、规范化和持续发展。

高校资源配置体系的优化与合理化是提高教育教学效率和质量的关键。通过对教学资源、师资队伍、课程设置等方面的优化和合理配置，建立科学的管理制度和流程，实现资源的有效利用和可持续发展。

# 第四章 高校课程体系创新与发展

## 第一节 课程体系设计与优化

高校课程体系设计与优化是高等教育领域中至关重要的议题。一个良好设计的课程体系能够为学生提供全面、系统的知识体验，培养他们所需的专业技能和综合素养，同时也要与时俱进，适应社会发展的需求和变化。本文将分为两部分论述，首先探讨高校课程体系的设计，其次探讨课程体系的优化。

### 一、高校课程体系设计

高校课程体系设计是一个系统性的工程，需要综合考虑多个因素，包括学科特点、教学目标、教学资源、学生需求等。

### （一）学科结构与学科交叉

在高校课程体系设计中，学科结构与学科交叉是至关重要的考量因素。通过合理安排各学科的课程，并注重学科之间的交叉融合，可以培养出具有跨学科能力的人才，他们能够在多领域中灵活运用知识，解决复杂问题，适应社会的发展需求和挑战。这种跨学科的综合能力在当今社会中尤为重要，因为现实世界的问题往往不再局限于某一学科范畴，而是需要多方面的知识和技能共同解决。

举例来说，将工程学和商科的课程结合起来，可以培养出既懂得工程技术又具备商业意识的人才。这样的人才不仅能够熟练掌握工程技术，还能够理解市场需求、商业模式以及财务管理等商业知识。这种交叉融合的培养模式，使得学生在接受工程训练的同时，也能够了解商业运作的基本原理，为未来从事工程项目管理、产品开发等工作打下坚实的基础。同时，这种综合能力的培养也能够激发学生的创新意识和创业精神，使他们在实际工作中能够更加游刃有余地应对各种复杂情况。

此外，跨学科能力的培养也有助于打破学科之间的壁垒，促进学科之间的交流与合作。通过跨学科的课程设置和项目开展，不同学科的教师和学生能够相互借鉴、交流经验，促进学科之间的相互渗透和融合，推动知识的创新和发展。这种交叉合作的模式，有助于挖掘出更多的学科交叉点和研究领域，促进学术的跨越式发展，为社会的进步和发展提供更多的智力支持。因此，学科结构与学科交叉在高校课程体系设计中具有重要的意义。通过合理安排课程，注重跨学科能力的培养，可以培养出具有综合素质和创新能力的人才，为社会的发展和进步做出更大的贡献。

## （二）课程设置与课程内容

在高校课程体系设计中，课程设置与课程内容的合理安排是确保学生获得全面知识和技能的重要保证。根据专业特点和行业需求进行课程设置，包括基础课程、专业课程、选修课程等，是为了确保学生在学习过程中能够全面掌握所需的理论知识和实践技能，以满足未来工作和生活的需要。基础课程的设置对于学生建立学科基础至关重要。这些课程包括数学、物理、化学、语言文学等，为学生提供学科基础理论和方法论的学习，打下扎实的学科基础。这些基础课程不仅有助于培养学生的逻辑思维和分析能力，还能够为他们后续学习专业课程打下坚实的基础。

通过设置与专业相关的核心课程，使学生能够深入理解专业知识和技能，掌握行业最新发展动态。同时，还可以设置一些实践性强、能够培养学生实际操作能力的课程，如实验课程、项目设计课程等，帮助学生将理论知识应用到实践中去，提高解决实际问题的能力。选修课程的设置可以根据学生的个人兴趣和发展需求进行自由选择。这些选修课程既可以是与专业相关的拓展课程，也可以是跨学科的课程，如艺术、体育、心理学等，帮助学生全面发展自己的兴趣爱好和综合素质，培养他们的综合能力和创新思维。

通过根据专业特点和行业需求进行合理设置，确保学生能够全面掌握所需的理论知识和实践技能，为其未来的发展和就业打下坚实的基础。同时，也应当注重灵活性和多样性，为学生提供更多选择和发展空间，促进其个性化发展和综合素质的提高。

## （三）教学方法与手段

在高校教育中，教学方法与手段的多样化应被视为一项至关重要的任务。通过采用多样的教学方法和手段，如讲授、实践、案例分析、项目设计等，能够更好地促进学生的主动学习和实践能力的培养，提高他们的学习效果和应用能力。通过讲授，教师可以系统地讲解学科内容，帮助学生建立起知识体系和思维框架。然而，仅仅依靠讲授往往难以激发学生的学习兴趣和主动性，因此，需要结合其他教学手段来丰富教学过程。实践是培养学生实际操作能力的重要手段。通过实验课、实习实训等形式，学生能够将理论知识应用到实践中去，加深对知识的理解和记忆。实践教学不仅能够提高学生的动手能力，还能够培养其解决问题的能力和创新思维。

案例分析是培养学生分析和解决问题能力的有效途径。通过分析真实或虚拟的案例，学生可以将理论知识与实际情况相结合，从中学习解决问题的方法和技巧。案例分析能够培养学生的分析思维和判断能力，提高其在实际工作中的应变能力。此外，项目设计是培养学生团队合作和创新能力的重要方式。通过参与项目设计和实施，学生能够锻炼自己的团队合作能力、沟通能力和领导能力，同时也能够培养其创新意识和实践能力。项目设计能够让学生将理论知识与实际问题相结合，提高其解决实际问题的能力。

教学方法与手段的多样化对于提高高校教育质量和学生综合素质具有重要意义。通过结合不同的教学方法和手段，能够更好地激发学生的学习兴趣和主动性，提高他们的学习效果和应用能力，为其未来的发展和就业打下坚实的基础。

## （四）实践环节与实习实训

在高校教育中，实践环节与实习实训是培养学生实际操作能力、增强专业技能和解决问题能力的关键环节。重视实践环节的设置，并为学生提供丰富的实习实训机会，不仅有助于将理论知识应用到实践中，还能够促进学生全面发展、提高就业竞争力。通过参与实践活动，学生可以将课堂所学的理论知识转化为实际操作的能力。例如，在工程类专业中，学生通过参与实验课程和实践项目，可以了解各种工程设备的操作方法、工程项目的实施流程，从而提高其在实际工作中的适应能力和操作技能。

通过参与实习实训，学生能够深入了解行业内部的运作机制、专业技能要求和职业素养标准。在实习实训期间，学生将有机会与行业专家和企业人员交流，获取实践经验和职业建议，为将来的就业和职业发展做好准备。此外，实践环节和实习实训还能够培养学生解决问题的能力和创新精神。在实践活动中，学生经常会面临各种挑战和问题，需要运用所学知识和技能进行分析和解决。通过解决实践中遇到的问题，学生可以锻炼自己的问题解决能力和创新思维，提高其在工作中的应变能力和创新能力。

重视实践环节的设置，并为学生提供丰富的实习实训机会，是高校教育中不可或缺的一部分。通过参与实践活动和实习实训，学生能够将理论知识应用到实践中，增强专业技能和解决问题的能力，提高就业竞争力和职业发展前景。因此，高校应该加强对实践环节和实习实训的组织和管理，为学生提供更加丰富和有效的实践机会，促进其全面发展和综合素质的提升。

## （五）课程评价与反馈

在高校教育中，课程评价与反馈是提高教学质量和促进教学改进的重要环节。建立科学合理的课程评价体系，及时获取学生对课程的反馈意见，不断改进和优化课程内容和教学方法，是确保教学质量持续提升的关键。通过设立评价指标和评价标准，对课程的各个方面进行全面评估，可以客观地了解课程的优势和不足之处。评价体系应该包括课程内容的合理性、教学方法的有效性、学生学习成果的达成情况等方面，以确保评价的全面性和科学性。

及时获取学生对课程的反馈意见是课程改进的关键。通过开展课程评价调查、组织学生座谈会等方式，及时了解学生对课程的看法和建议，为课程改进提供重要参考。学生的反馈意见能够直接反映出课程的优缺点和问题所在，为教师和管理者提供改进和优化课程的有效依据。课程评价与反馈还应该是持续性的过程。教师和管理者应该定期对课程进行评价和反馈，不断总结经验教训，积极探索教学改革的有效途径。通过不断地改进和优化课程内容和教学方法，可以提高教学效果，激发学生学习的兴趣和积极性。

建立开放式的课程评价机制是保证评价与反馈的有效性的重要保障。教师应该积极倾听学生的意见和建议，及时回应学生的需求，共同探讨和解决课程中存在的问题。同时，也应该鼓励学生参与课程建设和改进，促进师生之间的互动与合作，共同推动教学质量的提升。建立科学合理的课程评价体系，及时获取学生的反馈意见，并持续改进和优化课程内容和教学方法，是提高教学质量和促进教学改进的有效途径。通过不断地改进和创新，可以不断提升课程的质量和教学效果，为学生提供更加优质的教育服务，为其未来的发展和成长打下坚实的基础。

## 二、高校课程体系优化

高校课程体系优化是一个持续不断的过程，需要不断地根据实际情况和反馈意见进行调整和改进。以下是一些优化高校课程体系的方法和策略。

### （一）调整课程结构

调整课程结构是高校课程体系设计中至关重要的一环。随着时代的发展和社会需求的变化，课程体系必须不断调整，以适应新的挑战和机遇。根据行业发展和社会需求，及时调整课程结构、增设新课程或调整现有课程，是为了确保课程体系与时俱进，能够满足学生的学习需求和社会的发展需求。随着科技的不断进步和产业结构的调整，各行各业的需求也在不断变化。高校应当及时调整课程结构，根据不同行业的发展趋势和需求，调整相关专业的课程设置，增设新的前沿课程或调整现有课程内容，以确保课程体系与行业发展保持同步。例如，在信息技术领域，随着人工智能、大数据、云计算等新技术的兴起，高校可以增设相关课程，如人工智能原理、数据分析与挖掘等，以培养适应时代发展需求的高素质人才。

随着社会经济的不断发展和文化环境的变迁，人们对教育的需求也在不断变化。高校应根据社会需求调整课程结构，增设与社会热点问题相关的课程或调整现有课程内容，使之更贴近社会实际需求。例如，面对环境保护、可持续发展等社会问题，高校可以增设环境科学、可持续发展等课程，培养学生的社会责任感和环境意识。政策的变化可能会带来相关领域的发展机遇或挑战，因此高校应当根据国家政策的变化调整相关专业的课程设置，使之符合国家政策导向和发展需求。例如，随着国家对新能源、清洁能源的支持力度不断加大，高校可以调整相关专业的课程结构，增设新能源技术、可再生能源开发等课程，以培养符合国家发展方向的专业人才。

调整课程结构是高校课程体系设计中的一项重要任务，需要根据行业发展、社会需求和国家政策的变化及时调整，以确保课程体系与时俱进，为学生提供更加全面、适用的知识体系，为其未来的发展和成长打下坚实的基础。

## （二）更新教学内容

随着科学技术的不断进步和社会发展的日新月异，教学内容必须及时更新，引入最新的理论和技术，以保持课程的前沿性和实用性。只有如此，才能确保学生获得的知识与社会需求和行业发展保持同步，使其具备应对未来挑战的能力。

科学技术的更新换代日新月异，过时的教学内容会使学生跟不上时代的步伐，导致其知识水平滞后。因此，教师应当密切关注相关领域的最新研究成果和技术进展，及时将其引入教学内容中，使学生能够了解最新的理论和技术动态，培养其科学研究和创新能力。

课堂教学不仅要传授理论知识，更要培养学生的实际应用能力。通过引入最新的技术和案例，教师可以让学生了解当前行业的最新发展趋势和实际工作中遇到的问题，培养其解决实际问题的能力和创新思维，提高其就业竞争力和适应能力。学生对于新颖的、感兴趣的内容往往更加投入，更愿意主动学习和探索。因此，教师可以通过引入新颖的案例、活动和实验，激发学生的学习兴趣，增强其学习动力和积极性，提高课堂教学的效果和效率。

及时更新教学内容是保持高校课程前沿性和实用性的关键。通过引入最新的理论和技术，教师可以使课程内容更具有针对性和实践性，从而更好地满足学生的学习需求和社会的发展需求。因此，教师应当密切关注相关领域的最新动态，不断丰富和完善教学内容，为学生提供更加丰富、全面的知识体验，为其未来的发展和成长打下坚实的基础。

### （三）拓展实践渠道

拓展实践渠道是为了让学生更好地将理论知识与实际工作相结合，增强其实践能力和就业竞争力的重要举措。在此过程中，积极开展校企合作是一种有效的方式，通过与企业合作，为学生提供更多的实习实训机会，为其职业发展和未来就业奠定坚实基础。通过与企业合作，学生可以参与企业的实际项目和实践活动，亲身体验职场环境，了解行业运作机制，掌握实践技能和工作方法。这种实践机会不仅能够丰富学生的实践经验，还能够帮助他们更好地了解自己的职业发展方向，提高其就业竞争力和职业素养。

校企合作有助于促进学校教育与企业需求的有效对接。通过与企业合作，学校可以更加准确地了解市场需求和行业趋势，调整课程设置和教学内容，使之更贴近企业的实际需求。同时，企业也可以借助与学校的合作，招聘符合自身需求的优秀人才，推动人才培养与用人需求的有效对接，实现双赢。通过与企业合作开展科研项目，学校可以将科研成果应用到实际生产和技术创新中去，促进科技成果的转化和产业化。这种科研成果的应用也为学生提供了更多的实践机会，使他们能够更好地将所学知识应用到实际工作中去，增强其创新能力和实践能力。

积极开展校企合作是拓展学生实践渠道的有效途径。通过与企业合作，为学生提供更多的实习实训机会，丰富其实践经验，提高其就业竞争力和职业素养；同时，也促进了学校教育与企业需求的有效对接，推动科研成果的转化和应用，为促进产学研深度合作、推动社会经济发展做出了重要贡献。因此，学校应当积极探索校企合作的模式和机制，不断拓展学生的实践渠道，为其未来的职业发展和成长提供更加坚实的支撑。

### （四）优化教学方法

优化教学方法是提高教学效果和学生学习积极性的必经之路。随着科技的不断发展和教育理念的更新，教学方法也在不断更新和拓展。为了更好地满足学生的学习需求和适应现代教育的发展趋势，教师们应不断探索和尝试新的教学方法，如引入在线教育、项目式教学等，以提高教学效果和学生的学习积极性。随着信息技术的飞速发展，网络教育平台的兴起为教学提供了全新的可能性。通过在线教育，学生可以随时随地通过网络获取教育资源，自主学习，个性化定制学习路径，提高学习的灵活性和便捷性。同时，教师可以通过在线教育平台开展课堂直播、网络讲座等形式，拓展教学渠道，提供更加丰富和多样化的学习资源，激发学生的学习兴趣和积极性。

项目式教学是一种以项目为载体、以问题为导向的教学方法，通过让学生参与实际项目和实践活动，进行自主探究和合作学习，培养学生的解决问题的能力和创新精神。项目式教学不仅能够激发学生的学习兴趣，还能够提高其实践能力和团队合作能力，增强其学习的深度和广度，为其未来的职业发展打下坚实的基础。不同学生具有不同的学习习惯、学习风格和学习需求，因此，教师应该根据学生的个性特点和学习情况，采用差异化教学策略，为学生提供个性化的学习支持和指导。个性化教学可以通过分层教学、个性化辅导、定制化课程设置等方式实现，为学生提供更加个性化、精准化的学习体验，提高其学习积极性和学习效果。

优化教学方法是提高教学效果和学生学习积极性的关键。通过引入在线教育、项目式教学等新的教学方法以及实施个性化教学策略，可以更好地满足学生的学习需求，提高其学习兴趣和学习效果，为其未来的职业发展和成长提供更加有力的支撑。因此，教师应积极探索和尝试新的教学方法，不断优化教学过程，提升教学质量。

## （五）强化评价机制

强化评价机制是提高教学质量和效果的关键。建立完善的课程评价机制，不仅能够加强对教学质量和效果的监控和评估，还能够及时发现问题并加以解决，从而不断提升教学水平和学生满意度。通过对课程的各个方面进行评价，包括教学内容的设计、教学方法的使用、教学资源的配置等，可以全面了解教学过程的优势和不足之处，及时发现教学中存在的问题和障碍。同时，通过收集学生的反馈意见，了解他们的学习体验和课程满意度，为教师和管理者提供改进和优化的重要依据。

通过对教学质量和效果进行监控和评估，可以及时发现教学中存在的问题和不足之处，采取相应的措施加以改进和优化，提高教学质量和效果。例如，对于教学效果不佳的课程，可以调整教学方法和内容，增加实践环节和互动环节，提升学生的学习积极性和学习效果。建立完善的课程评价机制还有助于促进教学改革和创新。通过不断收集和分析课程评价数据，可以发现教学中存在的问题和瓶颈，推动教学改革和创新，探索更加适合学生学习需求和时代发展要求的教学模式和方法。例如，结合课程评价结果，可以推广和应用新的教学技术和教学手段，如在线教育、项目式教学等，提升教学效果和学生学习体验。

强化评价机制是提高教学质量和效果的重要保障。通过建立完善的课程评价机制，加强对教学质量和效果的监控和评估，可以及时发现问题并加以解决，提高教学水平和学生满意度。因此，学校应当注重评价机制的建设和完善，为教学改革和提升教学质量创造良好的条件和环境。通过不断地设计与优化高校课程体系，可以更好地满足社会对人才的需求，培养出更具竞争力和创新能力的人才。

# 第二节 跨学科课程的开发与整合

高校跨学科课程的开发与整合是当今教育领域的重要议题之一，旨在提升学生的综合能力和跨学科思维水平，培养他们适应未来社会发展需要的能力。下面将分两部分论述高校跨学科课程的开发与整合。

## 一、高校跨学科课程的开发

高校跨学科课程的开发是指在现有学科框架之外，结合不同学科的知识和方法，设计出能够横跨多个学科领域的课程。其重点在于突破学科之间的界限，促进知识的交叉融合，培养学生的综合能力。

### （一）课程设计

开发跨学科课程是当代高校教育的重要任务之一。其目标在于培养学生跨学科思维、解决复杂问题的能力以及促进学科间的融合。在这一过程中，课程设计起着关键性的作用。课程设计不仅仅是简单地将各学科内容堆积在一起，更需要深入分析学科本质，找到它们之间的联系与共同点，以实现跨学科教育的有效整合。课程设计的第一步是明确课程目标和学习结果。这不仅包括对学生所需掌握的知识和技能的明确定义，更需要考虑到学生跨学科思维和综合能力的培养。因此，课程目标必须具体、可衡量，并与学校或专业的教育目标相一致。

课程设计要充分考虑不同学科之间的关联性。这需要教师对各学科的本质和特点有深入的理解，找到它们之间的内在联系。例如，历史与文学可以通过文学作品反映的历史背景展开交叉讨论，物理与数学可以通过共同的数学模型进行联系等。这样的联系不仅是知识上的交叉，更是思维方式和方法论上的共通之处。课程设计需要避免简单地将不同学科的内容拼凑在一起。相反，应该进行有机融合，使各学科的内容相辅相成，相互促进。这需要教师深入研究各学科的知识结构和教学方法，寻找它们之间的共性和差异性，有针对性地进行整合设计。例如，通过项目式学习或者跨学科课题研究，让学生在解决实际问题的过程中，融合不同学科的知识和技能，达到全面发展的目的。

课程设计需要注重教学方法的选择与创新。传统的课堂教学模式可能无法适应跨学科教育的需求。因此，教师需要结合学科特点和学生需求，灵活运用多种教学手段和工具，如小组讨论、案例分析、实践操作等，激发学生的学习兴趣和主动性，提高他们的学习效果。课程设计是开发跨学科课程的基础和关键。它需要教师对各学科的本质有深刻的理解，以及对学生的需求有清晰的把握。只有通过深入分析、有机整合和创新教学方法，才能设计出质量高、效果好的跨学科课程，为学生提供更加丰富和全面的教育体验。

## （二）跨学科团队

跨学科教育的核心在于跨学科团队的合作。开发跨学科课程需要跨学科的教师团队合作，这是确保课程设计与实施的关键因素之一。这个跨学科团队应该由来自不同学科背景的教师组成，他们共同拥有丰富的专业知识和教学经验，能够在课程设计、教学过程中相互协作、互相启发，形成一个综合的教学团队。跨学科团队的构建需要具备多学科背景的教师。这些教师不仅拥有自己学科领域的专业知识，还具备跨学科思维和合作精神。他们应该能够超越学科的边界，深入理解其他学科的教学内容和方法，以及学生在不同学科之间的学习需求。

跨学科团队在课程设计过程中应该共同制订课程大纲和教学计划。这需要团队成员充分交流、协商，从各自的学科角度出发，找到彼此的共同点和交叉领域，确定课程的重点内容和教学目标。通过合作设计，可以确保课程的全面性和一致性，避免各自为政、各行其是的情况发生。进一步地，跨学科团队在教学过程中应该互相协作，将各自的专业知识和教学经验有机结合起来。这包括共同授课、交叉评价、协同辅导等多种形式。通过团队合作，可以让学生从不同学科的角度去理解和解决问题，培养其跨学科思维和综合能力。

跨学科团队需要建立有效的沟通机制和协作平台。这包括定期开展团队会议、建立在线交流平台、共享教学资源等。通过密切的合作与交流，可以及时发现和解决问题，保证跨学科教学的顺利进行。跨学科团队的合作是开发跨学科课程的关键。只有通过教师间的密切协作与互相配合，才能设计出质量高、效果好的跨学科课程，为学生提供丰富多样的学习体验，培养其跨学科思维和综合能力，以适应未来社会的发展需求。

## （三）资源整合

在开发跨学科课程的过程中，资源整合是至关重要的环节。这涉及各种教学资源的整合，包括但不限于教学资料、实验设备、实习机会等，这些资源的充分整合能够为跨学科教学提供必要的支持和保障。学校应该积极采取措施，建立跨学科教学资源库，以便教师们能够更好地利用这些资源进行跨学科教学活动。建立跨学科教学资源库是资源整合的重要举措。该库可以收集整理各类与跨学科教学相关的资源，包括教材、教学资料、案例分析、学科前沿资讯等。这些资源应该覆盖各个学科领域，涵盖不同层次、不同类型的教学内容，以满足不同课程的需求。

学校应该为教师提供必要的支持和培训，以提升他们利用跨学科教学资源的能力。这包括对资源库的介绍和操作培训，教师们需要了解资源库的构建和管理方法以及如何有效地利用其中的资源进行教学设计和教学活动。此外，还可以组织专门的研讨会和工作坊，让教师们分享教学经验、交流教学方法，促进彼此之间的学习与成长。学校可以通过优化资源配置和提供经费支持，为跨学科教学提供更好的物质基础。例如，购置先进的实验设备和教学工具，建设跨学科实验室和教学中心，提供学生参与实习和实践项目的机会等。这些举措有助于丰富教学资源，提升教学质量，激发学生的学习兴趣和积极性。

学校还可以加强与外部机构和企业的合作，拓展跨学科教学资源的渠道和来源。通过与行业界的合作，学校可以获取实际案例和项目资源，为跨学科教学提供更加丰富和实用的教学内容。同时，这也可以为学生提供更多的实习和就业机会，促进他们的综合能力和跨学科思维的培养。资源整合是跨学科教学发展的重要保障。学校应该通过建立资源库、提供支持和培训、优化资源配置等措施，为教师开展跨学科教学提供必要的支持和保障，从而促进跨学科教育的深入发展，为学生提供更加丰富和全面的学习体验。

## 二、高校跨学科课程的整合

高校跨学科课程的整合是指将各种跨学科课程有机地结合在一起，形成一个完整的教育体系，以满足学生不同层次、不同需求的学习需求。

### （一）课程体系构建

高校在构建跨学科课程体系时，必须充分考虑学科结构和学生需求，以确保体系的完整性和适用性。这一跨学科课程体系应当包括从基础到高级、从宽泛到专业的各种课程，涵盖不同领域的知识和技能，以促进学生在跨学科学习过程中的全面发展。基础课程是跨学科课程体系的基石。这些课程旨在为学生提供跨学科思维和综合能力的基础，涵盖各个学科领域的基本概念、原理和方法。例如，跨学科思维训练、综合素质拓展等基础课程能够帮助学生建立跨学科视野和解决问题的能力。

中级课程承接基础课程，进一步拓展学生的跨学科知识和能力。这些课程旨在让学生更加深入地理解和掌握跨学科领域的相关知识，培养其分析问题、解决问题的能力。例如，跨学科项目设计、实践探究等中级课程可以让学生在实际项目中应用跨学科知识，锻炼其综合能力和团队合作精神。进一步地，高级课程是跨学科课程体系的顶层，旨在培养学生的专业化和创新能力。这些课程通常涉及跨学科领域的前沿研究和应用，要求学生具备扎实的学科基础和创新思维能力。例如，跨学科研究论文、综合创新设计等高级课程可以让学生深入探究跨学科领域的新理论、新方法，培养其独立思考和解决复杂问题的能力。

高校构建跨学科课程体系应当注重层次和递进性，确保学生能够在学习过程中逐步深入、全面发展。这不仅需要各个课程之间的密切衔接和有机联系，更需要根据学生的学科背景和学习需求，合理设置课程结构和内容。只有如此，才能真正实现跨学科教育的目标，培养出具备综合能力和跨学科思维的高素质人才，为未来社会的发展做出积极贡献。

## （二）课程衔接

跨学科课程整合的关键在于课程之间的衔接，这一过程对于学生跨学科思维的培养至关重要。学校在进行跨学科课程设计时，应该特别关注课程之间的衔接问题，设计一些专门的课程来帮助学生将不同学科之间的知识进行连接和整合，形成一个统一的知识体系。这些课程可以采用多种形式，如学科前沿讲座、综合实践课程等，以促进学生在跨学科学习中的深度理解和综合运用。学科前沿讲座是一种重要的课程衔接形式。这些讲座旨在介绍各学科领域的最新研究成果和发展趋势，帮助学生了解不同学科之间的交叉点和共同点。通过邀请相关领域的专家学者进行讲解，学生可以从一手资料中了解到不同学科的前沿知识，拓宽他们的学科视野，激发他们的学习兴趣。

综合实践课程是另一种有效的课程衔接形式。这些课程旨在通过项目实践、实验操作等形式，让学生将不同学科的知识和技能进行整合和应用。例如，设计一门"跨学科创新实践"课程，让学生在团队合作中选择一个跨学科课题进行研究和实践，从而锻炼他们的跨学科思维和解决问题的能力。除了课程形式的设计外，学校还可以通过其他方式来促进课程之间的衔接。例如，建立跨学科项目团队，让不同学科的学生共同参与项目设计和实施，通过团队合作实现知识的交叉融合；或者设立跨学科导师制度，为学生提供跨学科领域的专业指导和支持，帮助他们解决学科间的衔接问题。

课程衔接是跨学科教育的重要环节，对于促进学生跨学科思维的培养至关重要。学校应该设计一些专门的课程和制度来帮助学生将不同学科之间的知识进行连接和整合，以促进他们的全面发展和综合能力的提升。

## （三）评估机制

跨学科课程整合的成功与否不仅取决于课程设计和教学过程，评估机制同样至关重要。建立相应的评估机制能够帮助学校和教师全面了解学生在跨学科学习中的学习成果和综合能力，从而为课程改进和学生发展提供有效的反馈。评估方法应该多样化，既包括传统的考试和论文评审，也包括项目报告、实践成果展示等方式，以全面客观地评价学生的学习情况。通过考试可以评估学生对于各个学科知识的掌握程度，而论文评审则能够评价学生对于跨学科课题的研究能力和学术水平。这些评估方法在一定程度上能够客观地反映学生的学习情况，但也存在着局限性，无法全面评价学生的跨学科思维和综合能力。

学生可以通过团队项目或个人项目的形式，展示他们在跨学科学习中的研究成果和解决问题的能力。评估者可以根据项目报告的质量、创新性、实用性等方面进行评估，从而全面地了解学生的学术水平和实践能力。学生可以通过展示自己在实践中取得的成果和经验，向评估者展示他们在跨学科学习中所获得的综合能力和应用能力。评估者可以通过实践成果的展示，对学生的学习情况进行直观的观察和评估，从而更加客观地了解学生的综合素质和学术水平。

除了以上几种方式外，还可以采用口头答辩、小组讨论、综合评价等方式来评估学生的跨学科学习成果。综合运用多种评估方法可以全面地反映学生的学习情况，避免单一评估方法所带来的片面性和主观性。因此，建立多样化的评估机制对于跨学科课程的整合和发展具有重要意义，能够更好地促进学生的全面发展和综合能力的提升。

# 第三节　实践教学与课程体系创新

## 一、高校实践教学与课程体系创新的必要性

### （一）适应社会需求

随着社会经济的快速发展和知识结构的不断更新，社会对人才的需求也

在不断变化。这种变化要求高校教育不仅要跟上时代步伐，还要能够预见未来发展趋势，为社会培养出具有适应性、创新性和实践能力的优秀人才。高校通过实践教学和课程体系创新来调整教育内容和教学方法，是适应社会需求的重要途径。实践教学使学生能够在实际操作中学习知识，培养解决问题的能力。通过参与各种实践项目，学生可以更好地理解所学知识的应用场景，提高自己的实际操作能力和工作技能。而课程体系创新则是根据社会发展的需要，不断更新课程内容和教学方法，使之更贴近社会需求、行业发展和科技进步的前沿。

高校还可以通过与企业、行业合作开展教学项目，引入行业资源和实践经验，使教育内容更具实践性和前瞻性。这种校企合作不仅有助于提升学生的就业竞争力，还能够促进产学研结合，推动科研成果转化，为社会经济发展注入新的动力。值得注意的是，适应社会需求不仅是满足当前的用人需求，更要关注未来社会的发展趋势。因此，高校教育应该注重培养学生的综合素质和创新能力，使他们具备持续学习和适应变化的能力。只有这样，高校才能更好地履行自己的社会责任，为国家和社会培养出更多具有发展潜力的优秀人才。

## （二）提高学生就业竞争力

随着社会的不断发展和变化，传统的理论课程往往难以满足社会对于实践能力和创新能力的需求。在这样的背景下，实践教学成了提升学生就业竞争力的关键途径之一。通过实践教学，学生能够在实际操作中学习知识，并培养解决问题的能力，从而提高其就业竞争力。

实践教学为学生提供了一个与理论知识相结合的学习环境。通过参与实践项目、实验操作和实习实践等活动，学生能够将课堂上学到的理论知识应用到实际中去，加深对知识的理解和掌握。这种实践中的学习过程不仅有助于学生建立起更加丰富和完整的知识体系，还能够培养他们的实际操作能力和解决问题的能力。此外，实践教学还能够培养学生的团队合作能力和沟通能力。在实践项目中，学生通常需要与团队成员协作，共同完成任务。通过与他人合作，学生能够学会有效地沟通和协调，提高团队合作的能力，这对于他们未来的职业发展至关重要。

实践教学还能够帮助学生建立起自信心和职业素养。在实践中，学生不断地面对各种挑战和问题，通过自己的努力和实践，逐渐克服困难，取得成功。这种经历能够增强学生的自信心，提高他们应对复杂环境和应对挑战的能力，为他们未来的就业提供有力支持。实践教学是提高学生就业竞争力的重要途径之一。通过实践教学，学生能够在实际操作中学习知识，培养解决问题的能力，提高团队合作和沟通能力，建立自信心和职业素养，从而为他们未来的就业打下坚实基础。因此，高校应该加强对实践教学的重视，不断创新教学方法，为学生提供更多、更好的实践机会，促进其全面发展和提高就业竞争力。

### （三）促进学生综合素质发展

实践教学是将理论知识与实际应用相结合的重要途径。通过实践，学生能够在真实的环境中应用所学知识，从而深化对理论的理解，并且培养解决问题的能力。这种实践中的学习过程不仅帮助学生将知识转化为实际技能，还培养了他们的创新思维和实践能力。通过参与各种实践项目，学生不仅能够学会如何合作、沟通和领导团队，还能够锻炼自己的抗压能力和解决问题的能力。这些综合素质的培养对于学生未来的发展至关重要，能够使他们更好地适应社会的变化和挑战。

课程体系创新为学生提供了更加多样化、前沿性的学习内容。随着社会的不断发展和科技的进步，传统的课程内容已经无法满足社会对于人才的需求。因此，高校需要不断调整课程设置，引入新兴学科和前沿科技，以满足学生的学习需求。这种课程体系的创新不仅能够丰富学生的知识结构，还能够激发学生的学习兴趣，培养他们的创新意识和实践能力。通过学习新的知识和技能，学生能够更好地适应未来社会的发展需求，提高自己的竞争力和创新能力。

实践教学与课程体系创新是促进学生综合素质发展的重要途径。通过实践教学，学生能够将理论知识与实际应用相结合，培养综合素质和实践能力；而课程体系创新则能够为学生提供更加多样化、前沿性的学习内容，促进其全面发展。因此，高校应该加强对实践教学和课程体系创新的重视，不断完善教育体系，为学生的综合素质发展提供更加有力的支持。

## （四）提升教育质量

提升教育质量是高等教育的核心目标之一，实践教学和课程体系创新在这一目标的实现过程中发挥着重要作用。通过实践教学和课程体系创新，高校能够丰富教育资源，提高教育质量，从而更好地满足社会对优秀人才的需求。实践教学为学生提供了丰富的学习机会，使他们能够在实际操作中学习知识，培养解决问题的能力。通过参与各种实践项目和实验操作，学生能够将理论知识与实际应用相结合，加深对知识的理解和掌握。这种实践中的学习过程不仅有助于学生建立起更加丰富和完整的知识体系，还能够培养他们的创新思维和实践能力。实践教学还能够培养学生的团队合作能力和沟通能力，提高他们的职业素养和实际操作能力，从而提升教育质量。

课程体系创新为学生提供了更加多样化、前沿性的学习内容。随着科技的进步和社会的发展，传统的课程内容已经无法满足社会对优秀人才的需求。因此，高校需要不断调整课程设置，引入新兴学科和前沿科技，以满足学生的学习需求。通过引入新的教学方法和技术，结合实践案例和行业动态，课程体系创新能够激发学生的学习兴趣，提高其学习积极性和学习效果。学生在学习新的知识和技能的过程中，能够更好地适应未来社会的发展需求，提高自己的竞争力和创新能力，从而提升教育质量。实践教学和课程体系创新有助于丰富教育资源，提高教育质量，从而更好地满足社会对优秀人才的需求。高校应该加强对实践教学和课程体系创新的重视，不断完善教育体系，为学生的全面发展和提高教育质量提供更加有力的支持。

## 二、高校实践教学与课程体系创新的方法

### （一）实践教学方法多样化

实践教学方法的多样化是高校教育中的重要举措，它为学生提供了丰富的学习机会和体验，有助于促进他们的综合素质发展和专业技能提升。高校可以通过多种方式进行实践教学，包括实验实践、社会实践、项目实践等，这些不同形式的实践教学能够满足不同学科和不同层次的学生需求，提升教学效果。通过实验，学生能够在实验室中进行实际操作，加深对理论知识的理解，培养实验设计和数据分析能力。实验实践不仅能够帮助学生掌握专业技能，还能够培养他们的观察力、实验操作能力和问题解决能力。

社会实践是将学生引入社会实践环境中，通过参与社会实践活动来学习知识和技能的一种教学方式。社会实践可以让学生走出校园，接触社会，了解实际问题，培养他们的实践能力和社会责任感。通过参与社会实践活动，学生能够了解社会的运作机制，提高社会适应能力，增强社会交往和沟通能力。项目实践是一种集中、系统地开展实践活动的方式。通过参与项目实践，学生能够在实践中学习知识，解决实际问题，培养团队合作和项目管理能力。项目实践通常需要学生在团队中合作完成任务，这有助于培养学生的团队精神、协作能力和领导能力。

实践教学方法的多样化能够满足不同学科和不同层次的学生需求，提升教学效果。高校应该根据自身条件和学科特点，结合实际情况，灵活运用各种实践教学方法，为学生提供更加丰富和有效的学习体验，促进其综合素质的全面发展。

### （二）跨学科合作

跨学科合作在高校教育中具有重要意义，它为学生提供了更广泛的学习机会和更丰富的学科体验。通过不同专业的教师共同设计和实施跨学科的实践项目，学生能够接触到多元化的知识和技能，从而更好地适应未来社会的

发展需求。在传统的学科教育中，学生往往只能接触到本专业的知识和技能，缺乏对其他学科的了解和认识。而通过跨学科合作，学生可以参与到跨学科的实践项目中，接触到来自不同学科领域的知识和经验，从而拓宽了他们的学习视野，提高了学习的广度和深度。

不同学科之间存在着密切的联系和互动，通过跨学科合作，可以打破学科间的界限，促进学科之间的交流与合作。例如，生物学和工程学可以合作开展生物医学工程项目，计算机科学和心理学可以合作开发虚拟现实心理治疗系统等。这种跨学科合作不仅有助于促进学科之间的融合，还能够培养学生的跨学科思维能力和创新能力。在跨学科实践项目中，学生通常需要与来自不同专业背景的同学合作，共同解决跨学科性质的问题。通过与他人合作，学生能够学会如何有效地沟通和协作，培养团队合作和领导能力。这种实践中的学习过程不仅能够提高学生的综合素质，还能够增强他们的实际操作能力和解决问题的能力。

跨学科合作为学生提供了更广泛的学习机会和更丰富的学科体验，有助于促进学科之间的交叉融合，培养学生的跨学科思维能力和实践能力。高校应该重视跨学科合作的重要性，积极推动不同学科之间的合作与交流，为学生提供更加丰富和有价值的学习体验。

## （三）课程体系创新

课程体系创新是高校教育发展的重要方向之一，它可以通过更新课程内容、优化课程设置、引入新的教学方法等方式来实现。这种创新不仅有助于适应社会发展和行业需求的变化，也能够满足学生多样化的学习需求，提升教育质量。通过更新课程内容，高校可以及时反映学科发展的最新趋势和研究成果。随着科技的发展和社会的变化，许多新兴学科和前沿领域不断涌现，这些新的知识和技术需要及时纳入到课程体系中。因此，高校应该不断更新课程内容，引入新的学科知识和研究成果，使课程内容与时俱进，保持与社会需求的一致性。

高校可以根据学科发展和学生需求，调整课程设置，增设新兴学科课程、拓展选修课程等。通过增设新的课程和选修课程，高校可以满足学生个性化学习的需求，丰富学生的学习体验，提高学生的学习积极性和主动性。另外，引入新的教学方法也是课程体系创新的重要手段。随着教育技术的发展和教学理念的更新，许多新的教学方法和技术已经在教学实践中得到了广泛应用，如项目化学习、问题驱动学习、合作学习等。这些新的教学方法不仅能够激发学生的学习兴趣，还能够提高教学效果，促进学生的综合素质发展。

课程体系创新是高校教育发展的重要方向之一，它可以通过更新课程内容、优化课程设置、引入新的教学方法等方式来实现。高校应该重视课程体系创新的重要性，不断完善课程体系，为学生提供更加丰富和有价值的学习体验，提升教育质量。

## （四）实践基地建设

实践基地建设是高校教育中至关重要的一环，它为学生提供了良好的实践环境和设施，有助于提升他们的实际操作能力和解决问题的能力。通过建立实验室、实训中心、创客空间等实践基地，高校能够为学生提供更加丰富和实用的学习资源，促进他们的全面发展。实验室通常用于进行实验研究和科学探索，为学生提供了进行实验操作和科学研究的场所。通过参与实验项目，学生能够在实验中学习知识，培养实验设计和数据分析能力，加深对理论知识的理解和掌握。

实训中心通常用于进行技能培训和实际操作，为学生提供了模拟真实工作场景的实践环境。通过参与实训项目，学生能够在实际操作中学习知识，培养解决问题的能力和团队合作精神，提升其职业素养和就业竞争力。创客空间通常用于进行创新创业活动和项目孵化，为学生提供了展示创意和实践创新的平台。通过参与创客项目，学生能够锻炼创新思维和创业能力，培养团队合作和项目管理能力，提升其创新创业意识和实践能力。

实践基地建设为学生提供了良好的实践环境和设施，有助于提升其实际操作能力和解决问题的能力。高校应该重视实践基地建设，不断完善实践基地设施，为学生提供更加丰富和实用的学习资源，促进其全面发展和提高就业竞争力。

高校实践教学与课程体系创新对于培养学生的综合素质和提升教育质量具有重要意义。高校可以通过多种方式来推动实践教学和课程体系的创新，以满足社会发展的需求，培养更加优秀的人才。

# 第四节　新技术的应用与课程改革

## 一、在线教育平台的利用

高校可以积极利用在线教育平台，如搭建网络课堂、提供远程教学服务等。这种平台能够实现教育资源的共享与传播，让学生在任何时间、任何地点都能够获取到高质量的教育资源，促进教育公平和普及。

### （一）全面覆盖学生群体

在线教育平台的出现和发展为实现教育资源的全面覆盖提供了新的机遇和可能性。这种全面覆盖的特点不仅有助于解决地域、经济等因素造成的教育资源不均衡问题，还能促进教育公平和普及。随着信息技术的飞速发展和互联网的普及，在线教育平台成为当今教育领域的重要组成部分。这些平台以其灵活的学习方式、丰富的教育资源和便利的获取途径，为学生提供了一个随时随地获取教育资源的平台。这种全面覆盖的特点对于解决地域、经济等因素造成的教育资源不均衡问题具有显著的意义。

传统的教育模式往往受制于学校的地理位置，而那些居住在偏远地区或者经济条件相对较差的学生，往往面临着获取高质量教育资源的困难。但是，通过在线教育平台，学生可以在家中、图书馆、咖啡店等任何有网络的地方学习，无论他们身处何地，都可以获得与其他地区同等水平的教育资源，从而消除了地域带来的不公平现象。传统的课堂教学通常需要学生按照固定的时间上课，这对于那些工作繁忙或者有其他时间安排的学生来说可能并不方便。但是，在线教育平台则打破了传统的时间限制，学生可以根据自己的时间安排自主选择学习的时间，自主决定学习进度，从而更好地适应个人的学习节奏和生活方式。

传统的高等教育往往需要付出巨额的学费和生活费用，这对于一些经济条件较差的学生来说可能是难以承担的负担。然而，通过在线教育平台，学生可以选择价格较为灵活甚至免费的课程，从而大大降低了学习成本，提高了接受高等教育的门槛，促进了教育的普及。在线教育平台的全面覆盖学生群体的特点，不仅能够解决地域、经济等因素造成的教育资源不均衡问题，还能促进教育公平和普及。随着在线教育平台的进一步发展和完善，相信它将会为更多人提供平等、便利、高质量的教育机会，推动社会的进步与发展。

## （二）提供灵活的学习方式

在传统的教育模式中，学生需要按照固定的时间和地点去学校上课，这种刚性的学习方式可能不适应所有学生的需求。然而，随着在线教育平台的出现和发展，学生可以根据自己的时间和需求自由安排学习进度，这种灵活的学习方式为他们提供了更多的选择和便利。学生可以根据自己的时间安排，选择在任何时间进行学习。无论是早上、下午还是晚上，都可以通过网络课堂和教学视频进行学习，不再受到固定上课时间的约束。这种灵活性使得学生可以根据自己的生活和工作安排，自主安排学习时间，避免了因为时间冲突而错过学习的机会，提高了学习的效率和质量。

传统的教育模式需要学生到学校上课，而这对于一些居住在偏远地区或者交通不便的学生来说可能是一个挑战。然而，通过在线教育平台，学生可以在任何地点进行学习，只要有网络的地方都可以成为他们的学习场所。这种灵活性使得学生不再受到地域的限制，可以在家中、图书馆、咖啡店等任何地方进行学习，为他们提供了更多的学习选择和便利。此外，在线教育平台还为学生提供了个性化的学习支持。通过智能化的教学管理系统，学生可以根据自己的学习进度和水平选择适合自己的课程和学习资源。他们可以根据自己的兴趣和学习需求自主选择学习内容，灵活安排学习进度，实现个性化学习的目标。这种个性化的学习支持能够更好地满足学生的学习需求，提高学习的效率和质量。

提供灵活的学习方式是在线教育平台的一大优势，它使得学生可以根据自己的时间和需求自由安排学习进度，从而更好地适应个性化的学习需求。随着在线教育平台的进一步发展和完善，相信它将会为更多人提供灵活、便捷、高效的学习体验，推动教育的进步和发展。

## （三）提供丰富多样的教育资源

在线教育平台的兴起为学生提供了丰富多样的教育资源，这些资源包括教学视频、在线教材、互动课堂等，为学生提供了更为灵活和便利的学习途径。在传统教育模式中，学生的学习资源通常受到学校和教师的限制，而在线教育平台则为学生提供了更为丰富多样的学习资源。首先，教学视频是在线教育平台中最为常见的资源之一。这些视频涵盖了各种不同学科的知识内容，从基础知识到高级知识，涵盖了学生学习的各个阶段和层次。学生可以通过观看这些教学视频，了解和学习到各种知识内容，加深对知识的理解和掌握。

在线教育平台还提供了丰富的在线教材资源。这些教材内容包括教科书、课程大纲、练习题等，覆盖了各种学科和学习领域。学生可以根据自己的学习需求选择合适的教材资源，进行自主学习和阅读，从而加深对知识的理解和掌握。此外，互动课堂也是在线教育平台中的一种重要教学资源。通过互动课堂，学生可以与教师和其他同学进行实时互动，分享学习经验、讨论问题、解答疑惑等。这种互动式的学习方式不仅能够增强学生的学习兴趣，还能够促进学生之间的交流和合作，提高学习效率和质量。

除了以上提到的资源外，在线教育平台还提供了许多其他形式的学习资源，如在线实验室、模拟实践项目、网络讲座等。这些资源的丰富多样性为学生提供了更为广泛和深入的学习体验，帮助他们在学习过程中更好地理解和应用所学知识，提高学习效果和质量。在线教育平台的丰富多样的教育资源为学生提供了更为灵活和便利的学习途径。学生可以根据自己的学习需求选择合适的学习资源，进行自主学习，从而提高学习效率和质量。随着在线教育平台的不断发展和完善，相信它将会为更多人提供更加丰富、高效的学习体验，推动教育的进步和发展。

### （四）促进教学互动和交流

在线教育平台作为一种新型的教学模式，极大地促进了教学互动和交流的可能性。这种互动和交流方式包括但不限于在线讨论、答疑解惑等形式，通过这些方式，学生可以更加便捷地与老师和同学进行互动交流，从而提高学习效果和质量。通过在线讨论平台，学生可以进行课程内容的深入讨论和交流。在传统教学中，学生之间的互动往往受限于课堂时间和地点，而在线教育平台则为学生提供了一个更为自由、开放的交流平台。学生可以在课后通过在线讨论平台分享自己的学习体会、提出问题、回答同学的疑惑等。这种互动式的学习方式不仅能够促进学生之间的交流和合作，还能够拓宽学生的学习视野，加深对知识的理解和应用。

学生在学习过程中难免会遇到各种问题和困惑，而在线答疑解惑的服务则为他们提供了一个及时有效的解决方案。学生可以通过在线平台向老师提出问题，老师则会及时给予解答和指导。这种一对一的答疑解惑服务不仅能够解决学生的疑惑，还能够及时纠正学生的错误理解，提高学习效果和质量。此外，在线教育平台还可以通过在线课堂等形式促进教学互动和交流。在在线课堂上，老师可以通过视频直播或者在线会议等形式向学生传授知识，学生则可以通过实时的在线互动功能与老师进行提问和讨论。这种实时的互动交流方式能够使得教学过程更加生动、活跃，激发学生的学习兴趣，提高学习效果。

在线教育平台通过提供各种互动和交流的方式，如在线讨论、答疑解惑等，极大地促进了教学互动和交流的可能性。学生可以通过与老师和同学的互动交流，解决学习中的问题，拓宽学习视野，提高学习效果。随着在线教育平台的不断发展和完善，相信它将会为更多人提供更加便捷、高效的学习体验，推动教育的进步和发展。

### （五）利用先进技术促进教学改革

利用先进技术促进教学改革是在线教育平台的一大优势，尤其是借助人工智能、大数据分析等技术手段，能够为教学提供更多可能性。通过对学生学习行为和学习数据的分析，可以为教师提供更加个性化的教学服务，从而提高教学效果和学生满意度。通过对学生的学习数据进行收集和分析，人工智能可以了解每个学生的学习习惯、学习水平、知识掌握情况等个性化信息，从而为教师提供个性化的教学建议和指导。例如，根据学生的学习进度和学习水平，人工智能可以推荐适合其水平的学习资源和学习路径，帮助学生更好地掌握知识，提高学习效果。

通过对学生学习数据的大规模分析，可以发现学生的学习行为规律、学习偏好、学习困难等信息，为教师提供更全面的教学参考。例如，大数据分析可以发现某一道题目的普遍错误，或者发现某些学生在特定知识点上存在普遍的困难，教师可以针对性地调整教学内容和方法，帮助学生克服困难，提高学习效果。此外，先进技术还可以实现教学资源的智能推荐。通过人工智能算法和大数据分析，系统可以根据学生的学习需求和兴趣，智能地推荐适合他的教学资源，包括教学视频、在线教材、练习题等。这种智能推荐能够帮助学生更快地找到合适的学习资源，提高学习效率，减少学习时间的浪费。

利用先进技术促进教学改革是在线教育平台的重要优势之一。借助人工智能、大数据分析等技术手段，可以为教学提供更多可能性，实现个性化教学、深入洞察学生学习情况、智能推荐教学资源等功能，从而提高教学效果和学生满意度。随着技术的不断发展和应用，相信在线教育平台将会为教育领域带来更多的创新和变革，推动教育的进步和发展。

高校利用在线教育平台能够实现教育资源的共享与传播，促进教育公平和普及。同时，它还能够提供灵活的学习方式、丰富多样的教育资源、促进教学互动和交流，并借助先进技术促进教学改革，为高等教育的发展带来新的机遇和挑战。

## 二、虚拟实验室的建设

利用虚拟实验室技术，高校可以为学生提供更加安全、便捷的实验环境。学生可以通过虚拟实验室进行实验操作和数据分析，从而提高实验教学的效率和安全性，培养实验设计和科学研究能力。

### （一）安全性与便捷性提升

虚拟实验室的建设为学生提供了一种安全可靠、便捷高效的实验环境。通过虚拟实验平台，学生可以在不接触实验中的危险物质或复杂实验设备的情况下，完成实验操作，从而大大提升了实验操作的安全性。同时，学生可以通过网络平台随时随地进行实验操作，不再受到时间和地点的限制，这极大地提高了实验的便捷性。

在传统实验室中，学生需要接触到各种化学药品、危险物质以及复杂的实验设备，存在着一定的安全隐患。而虚拟实验室通过数字化技术模拟实验过程，使得学生可以在虚拟环境中完成实验操作，避免了接触危险物质可能带来的风险。这种安全性的提升不仅保障了学生的身体健康，也减少了实验事故的发生概率，有助于营造一个更加安全的学习环境。

与此同时，虚拟实验室还极大地提高了实验操作的便捷性。传统实验室通常受到时间和地点的限制，学生需要按照固定的时间和地点前往实验室进行实验操作。而通过虚拟实验室，学生可以通过网络平台随时随地进行实验操作，只需具备一个能够连接互联网的设备，如电脑、平板或智能手机，即可完成实验。这种便捷性的提升使得学生可以更加灵活地安排自己的学习时间，有助于提高学习效率和学习积极性。

虚拟实验室的建设在提升实验操作的安全性和便捷性方面发挥着重要作用。通过避免学生直接接触危险物质和复杂实验设备，提高了实验操作的安全性；同时，通过网络平台随时随地进行实验操作，解决了时间和地点限制问题，提高了实验操作的便捷性。这将为学生提供更加安全、便捷的实验学习环境，有助于提高他们的学习效率和学习体验。

## （二）降低实验成本

虚拟实验室的建设为高校和实验室带来了显著的经济效益，主要体现在降低实验成本方面。相比传统的实验室，虚拟实验室通过数字化技术模拟实验过程，大幅降低了实验所需的成本，为一些经费有限的学校或实验室提供了一种经济实惠的选择。传统实验室需要大量的实验器材和化学药品等资源，这些资源的采购和维护成本都非常高昂。虚拟实验室则不需要实际的器材和化学药品，而是通过数字化技术模拟实验过程，使得实验所需资源成本大幅降低。这样一来，学校或实验室就不需要花费大量的经费购买和更新实验器材，也不需要经常性地购买和补充化学药品，从而节约了大量的实验成本。

传统实验室需要占用大量的场地和设施，这也给学校或实验室带来了较大的场地租赁和设施维护成本。而虚拟实验室则不需要实际的场地和设施，只需在网络平台上建立虚拟实验环境即可。这样一来，学校或实验室就可以节省大量的场地租赁费用和设施维护成本，降低了实验的运营成本。传统实验室还需要雇用实验室技术人员进行实验设备的维护和管理工作，这也增加了一定的人力成本。而虚拟实验室则大部分由计算机程序和系统管理，减少了对人力资源的依赖，进一步降低了实验的成本。

虚拟实验室的建设通过数字化技术模拟实验过程，降低了实验所需的器材、化学药品等资源成本，节约了实验的场地租赁和设施维护成本，减少了对人力资源的依赖，为学校或实验室带来了显著的经济效益。这种经济实惠的选择对于一些经费有限的学校或实验室来说尤为重要，有助于优化资源配置，提高实验教学的效率和质量。

## （三）提供多样化实验场景

虚拟实验室的建设为学生提供了丰富多样的实验场景，涵盖了各种学科的实验内容，从而扩展了他们的实践经验和知识面。虚拟实验室可以模拟多种学科的实验内容，包括但不限于化学、物理、生物等。学生可以在虚拟环境中进行各种学科的实验操作，从简单的物理实验到复杂的生物实验，涵盖了广泛的实验内容，满足了不同学科的学习需求。

虚拟实验室可以模拟多种实验场景，包括实验室实验、野外实验等。通过虚拟实验平台，学生不仅可以在实验室中进行实验操作，还可以在模拟的野外环境中进行实验观察和数据采集，拓展了他们的实践经验和视野。虚拟实验室可以模拟多种实验条件和实验参数，使学生能够在不同的实验条件下进行实验操作，了解不同条件下实验结果的变化规律。这有助于培养学生的实验设计和科学研究能力，提高他们的实验操作技能和科学素养。

虚拟实验室还可以模拟一些传统实验难以实现的实验内容，如高风险实验、大型设备实验等。这些实验内容通常受到条件、安全等方面的限制，在传统实验室中难以开展。而通过虚拟实验平台，学生可以在安全、控制条件下进行这些实验操作，拓展了他们的实践经验和知识面。虚拟实验室提供了丰富多样的实验场景，涵盖了各种学科的实验内容，为学生提供了更加灵活、安全、多样的实验学习环境。这种多样化的实验场景有助于拓展学生的实践经验和知识面，培养他们的实验操作技能和科学研究能力，提高了实验教学的效果和质量。

## （四）实验数据的自动记录与分析

虚拟实验室的自动记录与数据分析功能为学生提供了便捷、高效的学习体验，并且有助于加深对实验原理的理解。虚拟实验室能够自动记录学生的实验操作过程和实验数据。在传统实验中，学生往往需要手动记录实验操作步骤和实验数据，存在记录不准确或遗漏的可能性。而在虚拟实验中，系统可以实时记录学生的实验操作过程，并自动保存实验数据，确保了数据的准确性和完整性。这样一来，学生无须花费额外的时间和精力进行数据记录，能够更加专注于实验操作本身。

系统可以对学生的实验数据进行自动分析和处理，生成相应的实验结果，并提供可视化的展示方式，如图表、曲线等。通过这些可视化结果，学生可以直观地了解实验数据的变化规律和趋势，加深对实验原理的理解。此外，系统还可以根据学生的实验数据，提供相应的实验指导和反馈，帮助学生及时纠正实验操作中的错误或不足之处。虚拟实验室的数据记录与分析功能为学生提供了更多的学习机会和资源。学生可以随时回顾和分析自己的实验数据，探索实验结果背后的科学原理，加深对课程内容的理解和掌握。此外，学生还可以通过与同学或老师的数据对比和讨论，进一步拓展自己的思维，促进学习效果的提高。

虚拟实验室的自动记录与数据分析功能为学生提供了便捷、高效的学习体验，并且有助于加深对实验原理的理解。这种功能的应用将进一步推动实验教学的发展，提高学生的学习效果和满意度。

## （五）个性化学习的支撑

虚拟实验室的个性化学习支持为学生提供更加贴合其学习需求和水平的学习体验，从而提高了学习的效果和满意度。虚拟实验室可以根据学生的学习进度和水平，为其推荐适合的实验内容和难度。通过分析学生的实验数据和反馈信息，系统可以了解到学生的学习情况和掌握程度，进而为其智能推荐符合其水平的实验内容。对于初学者，系统可以提供一些基础的实验项目，帮助他们建立实验基本技能和认识科学方法；而对于进阶学生，系统则可以推荐一些更加复杂、深入的实验项目，促进其深层次的学习和思考。

虚拟实验室可以根据学生的实验数据和表现，为其提供个性化的学习指导和反馈。系统可以根据学生的实验数据，及时发现并纠正实验操作中的错误或不足之处，并提供相应的学习建议和指导。同时，系统还可以根据学生的学习表现，为其提供个性化的学习路径和任务，帮助学生有针对性地提升实验技能和科学素养。虚拟实验室还可以为学生提供个性化的学习资源和支持。系统可以根据学生的学习需求和兴趣，为其推荐相关的学习资料、实验案例等，帮助学生更加全面地学习和探索。同时，系统还可以为学生提供个性化的学习计划和进度安排，让他们能够更加有效地管理自己的学习时间和进度。

虚拟实验室的个性化学习支持为学生提供了更加贴合其学习需求和水平的学习体验，促进了学习效果的提高和个人发展的全面提升。这种个性化学习支持将成为未来实验教育的重要发展方向，有助于推动实验教学的不断创新和改进。

### （六）培养学生的实验设计和科学研究能力

虚拟实验室的建设为学生提供了更加灵活和自主的学习环境，促进了他们实验设计和科学研究能力的培养。在传统实验中，学生通常按照老师提供的实验方案进行实验操作，缺乏自主性和创造性。而在虚拟实验室中，学生可以根据实验目的和要求，自主设计实验方案，确定实验步骤、条件和参数，从而培养了他们的实验设计能力。通过参与实验设计的过程，学生不仅可以深入理解实验原理和科学方法，还能够培养创新意识和解决问题的能力。

通过虚拟实验室，学生可以分析实验结果并提出科学假设和结论。在实验操作过程中，学生会产生大量的实验数据和观察结果，需要对这些数据进行分析和解释。通过分析实验数据，学生可以发现其中的规律和变化趋势，提出自己的科学假设，并根据实验结果进行科学推断和结论。这种分析实验结果的过程培养了学生的科学思维和逻辑推理能力，提高了他们的科学素养和研究能力。通过虚拟实验室，学生还可以参与科学研究项目。一些虚拟实验平台提供了丰富的实验场景和科学项目，学生可以选择感兴趣的项目进行深入研究和探索。通过参与科学研究项目，学生可以了解科学研究的流程和方法，培养科学探究的兴趣和能力，为未来的科研工作打下良好的基础。

虚拟实验室通过提供灵活自主的学习环境，促进了学生实验设计和科学研究能力的培养。这种能力的培养不仅有助于学生更好地理解科学原理和方法，还能够提高他们的创新能力和解决问题的能力，为未来的学术和职业发展奠定坚实的基础。利用虚拟实验室技术可以提高实验教学的效率和安全性，降低实验成本，提供多样化的实验场景，自动记录和分析实验数据，提供个性化学习支持，同时培养学生的实验设计和科学研究能力。这将为高校教学提供更多可能性，推动教育的进步和发展。

## 三、个性化学习平台的构建

个性化学习平台的构建是一项利用人工智能和大数据技术的重要举措，

它为高校提供了一种全新的教学模式，能够有效满足学生的个性化学习需求，提高教学效果和学习动力。

## （一）为学生量身定制学习计划

通过收集和分析学生的学习数据，包括学习历史、学习偏好、学习能力等方面的信息，平台可以为每位学生量身定制适合其个人情况的学习计划。例如，对于学习能力较强的学生，可以提供更具挑战性的学习内容和任务；而对于学习能力较弱的学生，则可以提供更加详细和易于理解的教学材料和辅助资源。这种个性化的学习计划能够有效地激发学生的学习兴趣和动力，提高其学习效果和自我发展能力。

## （二）为学生量身定制教学内容

通过分析学生的学习数据和行为模式，平台可以了解到学生的学习偏好和兴趣领域，从而为其推荐符合其个人喜好的学习内容和教学资源。例如，对于对某一学科或主题感兴趣的学生，可以推荐相关的学习资料和学术论文；对于需要加强某一学科基础的学生，则可以推荐相应的教学视频和练习题。这种个性化的教学内容能够更好地满足学生的学习需求，提高其学习效果和学习动力。

## （三）为学生提供个性化的学习支持

平台可以根据学生的学习进度和表现，及时对学习计划和教学内容进行调整和优化，以确保其与学生的实际情况和需求保持一致。同时，平台还可以为学生提供个性化的学习建议和指导，帮助他们克服学习中的困难和挑战，提高学习效果和学习动力。这种个性化的学习支持能够更好地满足学生的学习需求，促进其全面发展和个人成长。

# 四、混合式教学模式的推广

混合式教学模式的推广是一种创新性的教学方法，将传统教学与在线教育相结合，以提高教学效率和学习质量为目标。传统教学注重师生面对面的交流和互动，能够及时解答学生的疑问，提供直接的教学反馈；而在线教育平台则提供了丰富多样的教学资源和学习工具，可以随时随地进行学习，为学生提供了更加灵活和便利的学习环境。将传统教学与在线教育相结合，可以充分发挥两者的优势，提高教学效率和学习质量。

传统教学往往受到时间和空间的限制，难以满足不同学生的学习需求；而在线教育平台可以根据学生的学习情况和兴趣，为其量身定制学习计划和教学内容。将传统教学与在线教育相结合，可以为学生提供更加灵活和个性化的学习体验，促进其全面发展和个人成长。传统教学往往以教师为中心，学生被动接受知识，缺乏主动参与和探究的机会；而在线教育平台提倡学生自主学习和合作学习，能够激发学生的学习兴趣和创造力。将传统教学与在线教育相结合，可以为学生提供更加丰富和多样的学习体验，激发其学习潜能和创新能力，培养其自主学习和合作精神。

混合式教学模式的推广能够充分发挥传统教学和在线教育的优势，提高教学效率和学习质量，促进学生全面发展和个人成长。这种教学模式的推广将成为未来教育改革的重要方向，有助于推动教育创新和教学质量的提升。

## 五、远程实践活动的开展

远程实践活动的开展是利用虚拟现实技术和远程实践平台，让学生在不同地点参与到实践项目中，从而提高实践能力和解决问题的能力。

### （一）提供更加真实和丰富的实践体验

传统的实践活动往往受到时间、地点和资源等因素的限制，学生很难获得真实的实践经验。而通过虚拟现实技术，学生可以在虚拟环境中模拟实际工作场景和操作流程，体验真实的工作情境，感受实践活动的挑战和乐趣。这种真实的实践体验能够激发学生的学习兴趣和求知欲，提高其实践能力和解决问题的能力。

## （二）提供更加便捷和灵活的参与方式

传统的实践活动往往需要学生到实验室或现场进行操作，存在时间和地点上的限制，难以满足学生的个性化学习需求。而通过远程实践平台，学生可以在任何时间、任何地点通过网络参与到实践项目中，不再受到时间和地点的限制。这种便捷和灵活的参与方式能够更好地满足学生的学习需求，提高其学习效率和学习动力。

## （三）培养学生的团队合作和沟通能力

在远程实践活动中，学生通常需要与其他同学和指导教师进行合作和交流，共同解决实践项目中的问题。这种团队合作和沟通能力是现实工作中所必需的，通过参与远程实践活动，学生能够培养自己的团队合作意识和沟通技巧，提高团队协作的效率和质量。

远程实践活动通过虚拟现实技术和远程实践平台，提供了更加真实、便捷和灵活的实践体验，能够有效提高学生的实践能力和解决问题的能力，促进其全面发展和个人成长。这种教学模式的推广将成为未来教育改革的重要方向，有助于推动实践教学的创新和发展。新技术的应用对于高校课程改革具有重要意义。高校应该积极借助新技术，探索教育教学的创新模式，提高教学质量和效率，促进学生全面发展。

# 第五章　高校教师队伍建设与培养

## 第一节　高校教师队伍现状与问题分析

### 一、高校教师队伍现状

高校教师队伍是教育事业的中坚力量，直接关系到教育质量和国家未来发展。当前，高校教师队伍呈现出以下几个主要特点。

#### （一）数量不断增加

随着时代的发展和社会的进步，高等教育在全球范围内普及的趋势日益明显。在这个过程中，高校教师的数量不断增加，成为支撑教育事业发展的重要力量。这种增长趋势不仅是对社会进步的回应，也是政府大力支持高校发展的结果。政府对高校的大力支持是教育事业持续发展的基础。通过政策支持和投入资金，政府鼓励高校扩大规模、提升水平，从而满足社会对高等教育的不断增长的需求。这种政策导向下的高校扩张，直接导致了教师队伍的数量不断增加。

随着科技进步和社会需求的变化，新增学科专业和研究领域不断涌现，对于高校教师队伍提出了新的需求。各种新兴学科和跨学科研究的兴起，使得高校需要拥有更多、更多样化的教师队伍来支持这些新领域的发展。因此，为了适应时代的发展，高校需要不断招聘新的教师，以满足不断变化的教育需求。教育的普及与发展是社会进步的重要标志，而高校教师队伍的数量增加则是这一进程的必然结果。只有通过不断增加教师数量，加强对不同学科领域的覆盖，才能更好地满足社会对高等教育的需求，推动教育事业不断向前发展。因此，政府和高校应继续共同努力，为高校教师队伍的发展提供更好的支持和条件，以促进教育事业的繁荣和进步。

## （二）学历结构逐渐提高

近年来，高校教师队伍的学历结构呈现出明显的提高趋势，这是教育领域发展的一个显著特点。硕士、博士及海外留学归国人员（海归人员）等高学历人才在高校教师队伍中的比例逐渐增加，这一变化对于提升教学和科研水平具有积极的促进作用。随着高等教育水平的不断提高和国家对人才培养的重视，高校教师队伍中硕士和博士等高学历人才的比例逐步增加。这些高学历的教师通常具有更深厚的学科知识和专业能力，能够为学生提供更高质量的教学服务，推动教学质量的提升。

随着国家对人才引进政策的不断完善和实施，越来越多的海外留学归国人员选择投身高校教育事业。这些海归人才拥有丰富的国际视野和科研经验，能够为高校带来新的学术思想和研究理念，对提升高校的教学科研水平具有重要意义。高校教师队伍学历结构的提高，也反映了高校对人才选拔和培养的重视程度。越来越多的高校通过加大对优秀人才的吸引力度，引进高水平的教师团队，不断提升高校的学术声誉和竞争力。这种高学历人才的集聚效应有助于形成良性的学术氛围和科研环境，推动高校教学科研水平的快速提升。

## （三）学科结构日趋完善

高校教师的学科背景在日益多元化，这是当前高等教育领域的一个显著趋势。教师队伍涵盖了自然科学、人文社会科学、工程技术等各个领域，这种多元化的学科结构对于培养多层次、多领域的人才具有重要意义。随着社会发展的日益复杂化和多样化，对于不同领域的专业人才需求不断增加。因此，高校教师队伍的多元化学科背景能够更好地满足社会对于各个领域专业人才的需求。例如，在自然科学领域，拥有丰富实践经验和研究成果的教师能够为学生提供前沿的科学知识和技术培训；而在人文社会科学领域，具有深厚人文素养和社会科学研究能力的教师则能够引导学生深入了解社会现象和人文精神，培养批判性思维和创新能力。

多领域的教师团队也有助于促进学科之间的交叉融合和跨学科研究。在现实社会中，很多重大挑战和问题需要多学科、多领域的综合解决方案。拥有不同学科背景的教师能够进行跨学科的合作与交流，共同探索解决方案，为社会发展提供更加全面和有效的支持。多元化的学科结构也有利于培养学生的综合素养和跨学科能力。学生在接受教育过程中，能够接触到不同学科背景的教师，学习到各种学科的知识和技能，从而更加全面地了解世界、拓展思维方式，培养出具有跨学科视野和综合能力的人才。

高校教师队伍学科结构的多元化是当前高等教育领域的一个重要发展趋势，有利于满足社会对多层次、多领域专业人才的需求，推动学科交叉融合和跨学科研究的发展，同时也为学生的综合素养和跨学科能力的培养提供了重要保障。因此，政府和高校应进一步加强对多元化学科背景教师的引进和培养，为教育事业的长期发展注入新的活力和动力。

## （四）教学、科研水平参差不齐

尽管高校教师队伍的整体学历结构逐渐提高，但教学和科研水平的参差不齐仍然是当前教育领域面临的一个突出问题。在一些高校中，教师队伍中存在着一部分教师在教学和科研方面表现出较高水平，但也有另一部分教师尚需提升。教学水平的差异主要体现在教学方法、教学质量和学生评价等方面。一些教师可能缺乏教学方法的创新，过分依赖传统的授课方式，难以激发学生的学习兴趣和主动性。同时，一些教师在教学内容的准备和教学质量的把控上存在不足，导致学生的学习效果不佳，反映在学生的课堂表现和评价中。

科研水平的差异主要表现在科研项目数量、科研成果产出和科研影响力等方面。部分教师可能在科研项目的申报和承担方面积极性不高，科研成果的产出较少或质量不高，影响了高校的科研水平和学术声誉。同时，一些教师可能缺乏对前沿科研领域的深入探索和创新思维，导致科研成果的原创性和创新性不足，难以产生重要的学术影响。针对教学和科研水平的参差不齐问题，需要政府和高校共同采取有效措施加以解决。首先，应加强对教师的教学和科研能力培训，提升教师的教学方法和科研技能，使其能够更好地适应高等教育发展的需求。其次，建立健全教师评价和激励机制，通过对教学和科研成果的量化评价，激发教师的工作积极性和创造性，提升整体的教学科研水平。

还应加强对教师队伍的选拔和引进工作，优先选择具有优秀教学和科研水平的教师，提升高校整体的教育教学质量和科研实力。通过政策引导和资源支持，共同营造良好的教育科研氛围，促进高校教师队伍的整体提升，推动高等教育事业的健康发展。

## （五）人才培养与科研任务矛盾突出

高校教师在人才培养和科研任务之间经常面临着严峻的挑战与矛盾。这一矛盾尤其在一线教师身上表现得尤为突出。一方面，他们需要承担教学任务，确保学生的学习效果和教学质量；另一方面，他们还要履行科研任务，推动学术进步和科学创新。在这种情况下，教师们往往面临着艰难的抉择与平衡。他们需要投入大量时间和精力来备课、授课、指导学生，并且需要不断更新教学方法和内容，以适应学生的需求和时代的变化。人才培养是高等教育的使命之一，而优质的教学是实现这一使命的关键。然而，为了保证教学质量，教师们必须投入大量的时间和精力，这会使他们的科研任务受到一定程度的影响。

教师们也面临着来自科研任务的压力。高校通常会要求教师参与科研项目和论文发表等活动，以提升学校的科研水平和学术声誉。然而，科研工作需要大量的时间和精力，尤其是对于一线教师来说，他们需要在教学之余，还要兼顾科研工作，这无疑增加了他们的工作负担和压力。在这种人才培养与科研任务的矛盾下，教师们往往面临着艰难的抉择与平衡。一方面，如果过分偏重于教学工作，可能会影响到科研成果的产出和学术声誉的提升；另一方面，如果过分追求科研成果，可能会牺牲教学质量，影响学生的学习效果和学术水平的提升。

为了解决这一矛盾，高校需要采取一系列措施来帮助教师取得平衡。例如，可以通过调整教学和科研任务的比重，给予教师更多的科研时间和支持，以提升其科研水平和成果产出；同时，也可以加强教师的培训和教学指导，提升其教学能力和水平，以保证教学质量。只有通过合理的制度设计和有效的管理措施，才能够实现人才培养与科研任务的有机结合，推动高等教育事业的健康发展。

## 二、高校教师队伍问题分析

### （一）教师队伍结构不合理

教师队伍结构的不合理性在一些高校中仍然存在，这一现象涉及学历、学科结构和年龄等方面，严重影响着高等教育的质量和发展。尽管随着社会发展和政策推动，高等教育的学历要求有所提升，但仍有一些教师的学历水平相对较低，这会制约他们在教学科研方面的能力和水平。低学历的教师往往缺乏系统的专业知识和深入的学术素养，难以胜任复杂的教学任务和科研工作。

在一些学校中，教师主要集中在某一或少数几个学科领域，而其他学科的覆盖面较窄。这种学科结构的单一性会导致教学资源的不均衡分配，影响学校的整体教育水平和学科建设。部分高校教师队伍的年龄结构呈现出老化趋势。这些老龄化教师队伍在一定程度上反映了高校教师队伍的稳定性，但也带来了一些问题。老年教师在教学经验和学科积累方面具有优势，但在应对新技术、新理念的教学和科研方面可能存在一定困难，需要不断更新知识和适应新的教育需求。

高校教师队伍结构的不合理性使得一些学校难以适应多样化的教育需求，制约了教育事业的进步和发展。为解决这一问题，需要采取一系列措施。首先，可以通过加大对教师队伍的培训和提升计划，提高教师的学历水平和专业素养。其次，可以通过优化招聘机制，引进更多优秀的教师，实现教师队伍的学科结构多样化。最后，可以通过实施灵活的人才政策，鼓励和引导年轻人才加入高校教师队伍，实现年龄结构的合理化。只有通过这些措施的综合推进，才能够逐步解决高校教师队伍结构不合理的问题，促进高等教育的健康发展。

## （二）教师队伍素质不高

教师队伍素质的不高是当前高等教育领域面临的一个突出问题。尽管整体上高校教师的学历水平有所提高，但仍然存在一部分教师教学水平和科研能力不足的情况，这直接影响了教育质量和学生的学习效果。教师的教学水平是影响教育质量的关键因素之一。然而，一些教师在教学理念、教学方法、课堂管理等方面存在不足，导致教学效果不佳。一些教师可能过于注重传授知识，而忽视了培养学生的创新能力和批判思维，使得学生缺乏实际应用能力和综合素养。此外，一些教师可能缺乏与时俱进的意识，教学内容滞后于社会发展需求，难以引导学生应对日新月异的挑战。

部分教师的科研能力和科研水平不够突出，影响了学校的科研创新和学术声誉。尽管科研是高校教师的一项重要任务，但一些教师可能缺乏科研动力和创新精神，导致科研成果不足、科研项目进展缓慢，影响了学校的科研实力和学术地位。同时，一些教师可能过于注重教学工作，而忽视了科研工作，导致科研任务完成不及时或不到位。教师队伍素质不高的问题，部分原因在于对教师的选拔和培养不足，缺乏有效的评价机制和激励机制。在一些高校中，教师的选拔标准过于单一，主要考量学历和学术成果，忽视了教学能力和科研潜力的综合评价。此外，一些高校缺乏有效的培训机制和职业发展路径，教师难以获得持续的专业成长和发展。缺乏有效的激励机制也使得教师缺乏积极性和创造性，难以充分发挥其潜力和能力。

为了提升教师队伍的素质，高校需要采取一系列措施。首先，应该建立健全的教师评价机制，综合考量教师的教学能力、科研水平和综合素质，激励优秀教师、引导中庸教师、帮助不足教师。其次，高校应加强对教师的培训和提升，为教师提供持续的专业成长和发展机会，提高其教学和科研能力。此外，高校还应建立科学的激励机制，激发教师的工作积极性和创造性，提升教育质量和科研水平。只有通过这些措施的综合推进，才能够逐步提升高校教师队伍的整体素质，推动高等教育事业的持续健康发展。

## （三）科研压力过大

在当前的高校教育体系中，科研压力日益成为一些教师面临的重要挑战之一。部分高校教师由于科研任务的沉重压力，倾向于将更多的精力放在科研项目上，而忽视了对学生的教育和指导，导致了教学质量的下降。学术界对于科研成果的评价标准越来越严格，高校教师需要不断发表高水平的论文、参与重大科研项目，以维持自己在学术界的声誉和地位。同时，学校管理者也常常将科研工作作为评价教师绩效的重要指标，这使得教师们不得不面对持续不断的科研压力。

科研任务的繁重使得部分教师在时间和精力上无法兼顾教学工作。教师需要花费大量时间进行科研课题的研究和论文的撰写，而这些工作常常与教学任务冲突，使得教师难以充分准备课堂，无法给予学生足够的指导和支持，从而影响了教学质量和学生的学习效果。另外，一些高校教师由于追求科研成就而忽视了教育教学的重要性。在当前学术评价体系下，教师的科研水平往往被认为是评价其绩效和职称晋升的重要标准，因此一些教师可能会将更多的精力放在科研项目上，而忽视了对学生的教育和指导。这种情况下，教师可能会以教学为"附属品"，从而导致了教学质量的下降。

科研压力过大已成为高校教师面临的一项严重问题，直接影响着教学质量和学生的学习效果。为了解决这一问题，高校可以采取一系列措施。例如，合理安排教师的科研任务，减轻其科研压力；加强对教师的教学指导和培训，提高其教学水平和质量；建立科学的教师评价体系，综合考量教师的科研和教学绩效。只有通过这些措施的综合推进，才能够缓解教师面临的科研压力，提升教学质量，促进高等教育事业的健康发展。

### （四）缺乏激励机制

在一些高校中，缺乏有效的激励机制已成为制约教师队伍发展和提升教学科研水平的重要因素之一。这种状况直接影响了教师的工作积极性和创造性，导致了教学和科研水平的滞后和下降。在一些高校中，教师的工资待遇和晋升机制比较僵化，教师工作表现与个人发展的关系不够密切。这使得教师缺乏获得更高工资和职称的动力，对工作失去热情，难以全身心投入教学和科研工作中去。

在一些高校中，教师的工作被过于刻板的规章制度所束缚，缺乏对于教师个性和创新思维的尊重和激励。这使得教师难以充分发挥自己的创造性和潜力，导致了教学内容的单一和教学方法的僵化，无法适应时代和学生的需求。另外，缺乏激励机制也可能导致教师之间的竞争性降低。在一些高校中，教师的工作评价和晋升机制较为模糊，教师之间缺乏积极的竞争氛围。这使得一些教师对于提升自身能力和水平缺乏动力，无法与时代保持同步，影响了高校整体的教学科研水平。

为了解决这一问题，高校需要建立科学合理的激励机制，激发教师的工作积极性和创造性。首先，可以通过完善教师的薪酬待遇和晋升机制，提高教师的工作满意度和归属感，激发其工作热情。其次，可以通过建立教师教学和科研成果的评价机制，激励教师积极参与教学和科研工作，提高其工作质量和水平。此外，还可以通过设立各种奖励和荣誉，鼓励教师开展创新工作，提高其创造性和创新意识。缺乏有效的激励机制已成为高校教师队伍发展的制约因素之一，影响了教师的工作积极性和创造性，制约了教学科研水平的提升。高校应该重视建立科学合理的激励机制，激发教师的工作热情和创造力，推动高等教育事业的健康发展。

### （五）教学与科研之间缺乏平衡

在高校教育领域中，教学与科研之间的平衡问题是一线教师长期面临的挑战之一。尽管教师们需要同时承担教学任务和科研任务，但在现实中，由于各种原因，这种平衡往往难以实现，从而直接影响了教育教学的质量和效果。一线教师需要在教学和科研之间进行有效的分配和平衡，但现实情况却往往让他们难以兼顾。教师们需要为教学课程进行备课、授课和学生指导，同时还需要参与科研项目、撰写论文和发表成果。然而，这两者之间的任务安排和时间分配往往存在冲突，导致教师难以平衡两者之间的工作，从而影响了工作效率和质量。

一线教师在教学和科研之间的平衡受到了学校和部门政策的影响。在一些高校和部门中，科研成果被视为教师绩效评价的重要指标之一，教师需要在科研方面取得一定的成果才能获得晋升和奖励。这种情况下，教师可能会将更多的精力放在科研项目上，而忽视了对学生的教育和指导，导致了教学质量的下降。另外，一线教师在教学和科研之间的平衡也受到了个人因素的影响。一些教师可能由于个人的偏好或能力特长，更倾向于从事科研工作，而对教学任务缺乏热情或动力；而另一些教师可能更注重教学工作，而对科研任务不够重视。这种个人因素的影响也使得教师难以实现教学和科研之间的平衡。

教学与科研之间缺乏平衡是当前高校教师面临的一个普遍问题，直接影响了教育教学的质量和效果。为了解决这一问题，需要采取一系列措施。首先，学校可以通过合理安排教师的工作任务和时间，帮助教师实现教学与科研之间的平衡。其次，学校可以加强对教师的培训和指导，提高其教学和科研能力，从而更好地应对教学和科研任务。最后，学校还可以建立科学的激励机制，激发教师的工作积极性和创造性，推动教育教学质量的提升。只有通过这些措施的综合推进，才能够实现教学与科研之间的有效平衡，推动高等教育事业的健康发展。

高校教师队伍虽然在数量和学历结构上有所提高，但仍面临着诸多问题，需要采取有效措施加以解决，以促进高等教育事业的健康发展。

# 第二节 教师培训与专业发展

## 一、高校教师培训与专业发展的重要性

高校教师培训与专业发展对于提升教育教学水平、促进教育教学改革以及推动学校整体发展具有重要意义。

### (一) 提升教育教学水平

提升教育教学水平是高校教师培训与专业发展中至关重要的一环。不断更新的教育理论、教学方法和教学技能是教师提升教育教学水平的重要途径。通过培训，教师可以接触到最新的教学理念和方法，掌握先进的教学技能，提高课堂教学效果，更好地满足学生多样化的学习需求。

随着社会的发展和教育理念的不断更新，教师需要不断学习和更新自己的教育理论知识。通过参加各类教育理论研讨会、学术讲座等活动，教师可以了解到最新的教育理论成果，不断丰富和提升自己的理论素养，从而更好地指导教学实践。教学方法的更新和改进也是提升教育教学水平的关键。随着教育技术的不断发展，各种新型教学手段和工具层出不穷。通过参加教学技能培训课程，教师可以了解到最新的教学方法和教学工具，如在线教学平台、互动式课堂教学等，从而更好地运用这些方法和工具，提高教学效果。

教师还需要不断提升自己的课堂教学技能。通过参加教学技能培训班、教学观摩活动等，教师可以学习到先进的教学技巧和方法，如灵活运用多媒体教学、激发学生的学习兴趣、设计富有启发性的教学活动等，从而提高课堂教学的吸引力和效果。教师还需要关注学生的多样化学习需求，不断调整和改进自己的教学方法。通过参加教学方法多样化培训课程，教师可以了解到不同类型学生的学习特点和需求，针对性地设计和调整教学内容和方法，更好地满足学生的学习需求，提高教学效果。

提升教育教学水平需要教师不断学习和更新自己的教育理论知识，掌握先进的教学方法和教学技能，关注学生的多样化学习需求，不断调整和改进教学方法，以提高课堂教学效果，更好地满足学生的学习需求。通过培训，教师可以不断提升自己的教育教学水平，推动高等教育事业的健康发展。

## （二）促进教育教学改革

教师是教育改革的关键力量。通过不断提升教师的专业水平和创新能力，才能真正推动教育教学模式的创新和升级。教师培训应该注重提高教师的专业水平。这包括对教学内容、教学方法、评估方式等方面的不断学习与更新。教师需要了解最新的教育理论、教学技巧和学科知识，以应对不断变化的教育需求和学生特点。培训课程应该紧跟教育前沿，结合实际教学情况，帮助教师掌握有效的教学策略和方法，提高教学质量。

教师培训应该注重培养教师的创新能力。教育教学改革需要创新思维和实践能力支持，而这些都需要在教师培训中得到重视和培养。教师应该被鼓励尝试新的教学方法和教育技术，勇于探索适合不同学生特点的个性化教学模式。培训课程可以通过案例分析、讨论交流、实践操作等方式，激发教师的创新潜能，帮助他们更好地适应教育改革的需要。教师培训应该与教育教学实践相结合，注重实效性和可操作性。培训不应该仅停留在理论层面，而是要与实际教学紧密结合，提供具体的教学案例和操作技巧，帮助教师将培训成果转化为实际教学效果。同时，教师培训还应该注重反馈和持续跟进，及时调整培训内容和方式，保持培训的有效性和针对性。

教师培训是促进教育教学改革的重要举措。只有建立起一支专业素养高、富有创新精神的教师队伍，才能真正推动教育教学模式的创新和升级，为学生提供更优质的教育服务。因此，各级教育部门和学校应该重视教师培训工作，加大投入，提高培训质量，为教育教学改革提供坚实的人才保障。

## （三）提高学校整体竞争力

改变学校的整体竞争力，需要重视培养和发展一支优质的教师队伍，因为他们是高校提升整体竞争力的核心。通过系统的培训和专业发展，学校可以培养出更多具备高水平教学和科研能力的优秀教师，从而提高学校的声誉和吸引力，促进学校的整体发展。培养优秀教师需要重视教师的全面发展。除了专业知识和教学技能外，教师还应具备良好的人文素养、教育情怀和团队合作精神。因此，学校在教师培训中应该注重综合素质的培养，培养教师的批判性思维、创新意识和团队协作能力，使其能够胜任复杂的教学和科研工作。

教师培训应该与学校的发展需求相结合。学校应该根据自身的定位和发展目标，确定教师培训的重点和内容，着力提升与学校特色和优势相关的教学和科研能力。同时，学校还应该鼓励教师参与学科交叉和跨学科合作，培养具有综合素养和跨领域能力的复合型人才。学校还应该为教师提供良好的发展平台和激励机制。通过建立科学合理的评价体系和晋升机制，激励教师积极投入到教学和科研工作中，提高工作积极性和创造性。同时，学校还应该加强对教师的关怀和支持，为他们提供良好的工作环境和发展条件，保障其教学和科研工作的顺利开展。

学校还应该注重与社会的合作与交流，拓展教师的发展渠道和资源。通过与行业企业、科研机构等建立合作关系，为教师提供更广阔的发展空间和资源支持，促进教师的教学和科研成果转化，提高学校的整体影响力和竞争力。培养优质教师是提高学校整体竞争力的关键举措。学校应该重视教师培训与发展工作，为教师提供良好的成长环境和发展平台，促进其教学和科研能力的提升，从而实现学校整体竞争力的持续提升。

## 二、高校教师培训与专业发展的策略

### （一）制订个性化培训计划

学校和教育部门可以通过问卷调查、个人谈话等方式，了解教师的专业水平、教学技能、学科知识、科研能力等方面的现状和需求。在此基础上，针对不同层次、不同领域的教师，制定具体的培训目标和内容，确保培训的针对性和实效性。个性化培训计划应该涵盖多方面的培训内容。教学技能提升是培训的重点之一,包括教学设计、课堂管理、评估方法等方面的培训内容,以提高教师的教学效果和学生的学习体验。此外,学科知识更新也是教师培训的重要内容,教师需要不断学习最新的学科知识和教学方法,以适应教育发展的需要。同时,科研能力培养也是培训计划的一部分,教师应该掌握科学研究的方法和技巧,提高科研成果的质量和影响力。

个性化培训计划还应该采用多种形式和方式进行。培训可以通过课堂培训、研讨会、讲座、网络学习等形式进行,以满足不同教师的学习习惯和需求。同时,培训内容可以结合教师的实际工作和教学情况,通过案例分析、实践操作等方式进行,提高培训的实用性和可操作性。个性化培训计划的实施需要全校师生的共同参与和支持。学校和教育部门应该为教师提供良好的培训资源和支持,包括专业培训师、培训设施、教材资料等。同时,教师也应该积极参与培训活动,主动反馈培训效果和需求,与学校共同推动个性化培训计划的顺利实施。

制订个性化培训计划是推动教育培训改革的重要举措。通过针对性的培训内容、多样化的培训形式和全校师生的共同参与,可以有效提升教师的教学水平和科研能力,促进教育教学的不断提升。

## (二) 建立多元化培训平台

通过结合线上和线下的形式,包括网络课程、研讨会、短期培训班等,可以更好地满足教师在不同时间和地点的学习需求,促进他们的专业发展和提高教学质量。建立多元化培训平台能够提供更灵活的学习方式。教师的工作时间通常较为紧张,很难抽出固定的时间参加培训。而多元化培训平台提供了线上学习的机会,教师可以根据自己的时间安排,在空闲时间通过网络课程进行学习,避免了时间和地点上的限制。

多元化培训平台能够满足教师不同形式的学习需求。对于喜欢自主学习的教师,网络课程是一个很好的选择;而对于更喜欢互动交流的教师,参加研讨会或短期培训班则更合适。通过提供多种形式的培训活动,可以更好地满足不同教师的学习偏好和需求，提高培训的效果和参与度。多元化培训平台还能够扩大培训的覆盖范围。传统的线下培训通常受到地点和场地的限制，而线上培训可以突破地域的限制，让更多的教师参与到培训中来。同时，将线上和线下相结合，可以更好地发挥各自的优势，提供更丰富、更全面的培训内容和学习体验。

建立多元化培训平台需要充分利用现代科技手段。利用互联网技术和在线教育平台，搭建起一个便捷、高效的培训网络，为教师提供优质的学习资源和服务。同时，培训机构和学校可以利用社交媒体等平台，加强与教师的互动和交流，提高培训的参与度和效果。建立多元化培训平台是推动教育培训改革的重要举措。通过结合线上线下的形式，提供灵活多样的学习方式，满足教师不同时间和地点的学习需求，可以促进教师的专业发展，提高教学质量，推动教育教学的不断提升。

### （三）利用校内外资源

通过利用校内外专家资源、行业资源、教育平台资源等，可以丰富培训内容，提升培训质量，从而更好地促进教师的专业发展和提高教学水平。学校内部拥有着丰富的教学经验和专业知识的教师和教育专家。利用这些资源，可以开展针对性强、实效性高的培训活动。校内专家可以分享自己的教学经验和成功案例，指导其他教师进行教学改进和创新实践。同时，校内专家还可以组织研讨会、讲座等形式的培训活动，为教师提供专业指导和学术支持。

校外专家资源和行业资源也是培训的重要补充。通过邀请外部教育专家、学者或行业领军人物参与培训活动，可以为教师提供更广阔的视野和更前沿的学术观点。外部专家可以介绍最新的教育理论、教学方法和科研成果，为教师提供新思路和新思维。同时，利用行业资源，可以将教育与实践相结合，让教师更好地了解行业发展动态，为教学内容和教学方法的更新提供参考。另外，教育平台资源也是丰富的培训资源。随着互联网的发展，各种在线教育平台如雨后春笋般涌现，为教师提供了丰富多样的学习资源和学习机会。教师可以通过参加在线课程、观看教学视频、阅读学术论文等方式，获取最新的教育信息和教学技能，不受时间和地点的限制，实现自主学习和个性化发展。

要充分利用校内外资源，需要建立健全的资源整合机制和合作机制。学校可以成立专门的教师培训机构或部门，负责统筹和组织各种培训活动，并与校内外专家和教育平台建立合作关系，共同推动培训工作的开展。同时，建立培训成果的评估和反馈机制，及时总结和调整培训内容和方式，提高培训的实效性和针对性。充分利用校内外资源是推动教育培训改革的关键。通过利用校内外专家资源、行业资源和教育平台资源，可以丰富培训内容，提升培训质量，为教师的专业发展和教学水平的提高提供有力支持。

## （四）建立导师制度

新进教师通常缺乏教学经验和教学方法的熟练掌握，而教师导师作为经验丰富的老师，可以向他们传授教学技能和经验，指导他们进行教学设计和教学实践，帮助他们尽快适应新的工作环境和教学任务，提高教学效果。教师导师制度能够为教师提供个性化的成长支持。每个教师在专业发展的过程中都会遇到不同的困难和挑战，而教师导师可以根据教师的实际情况和需求，为其量身定制专业发展计划，提供个性化的指导和支持。导师可以通过定期的交流和指导，帮助教师解决教学中的问题，提高教学水平和专业素养。

教师导师制度有助于促进教师之间的交流与合作。教师导师与被指导的教师之间建立起了良好的师生关系，他们之间的交流不仅局限于教学技能的传授，还涉及教学经验的分享、教学观念的碰撞等方面。通过导师制度，可以促进教师之间的相互学习和合作，形成良好的教育教学氛围，共同提升教学水平。教师导师制度有助于建立良好的教师发展文化。通过导师制度，学校和教育机构向教师传递了对其专业发展的关心和支持，强调了教师发展的重要性。教师们在这样的氛围中能够感受到自己的价值和重要性，更加积极地投入到教学和教育改革中，推动学校整体的发展。

建立教师导师制度是推动教师专业发展和提升教学水平的有效举措。通过为新进教师提供专业指导和个性化支持，促进教师之间的交流与合作，建立良好的教师发展文化，可以不断提升教师的专业素养和教学水平，推动教育事业的持续发展。

## （五）加强评估与激励机制

通过建立科学的教师绩效评估体系，将教师的专业发展情况纳入考核范畴，为教师提供相应的激励和奖励，可以增强其积极性和动力，推动教学水平的提升和教育教学改革的深入。教师绩效评估体系应该包括教学水平、科研能力、教学成果、学生评价等多个方面的指标，全面客观地评估教师的工作表现和专业发展情况。评估指标应该具有科学性、客观性和公正性，能够真实反映教师的教学质量和教育教学效果。

将教师的专业发展情况纳入绩效评估范畴是必要的。教师的专业发展包括教学技能的提升、学科知识的更新、科研能力的培养等方面，是教师绩效评估的重要内容。通过将教师的专业发展情况纳入考核范畴，可以引导教师注重专业发展，促进其不断提升教学水平和教育教学能力。另外，建立相应的激励和奖励机制是必要的。对于表现优秀的教师，可以给予荣誉称号、奖金、晋升机会等形式的激励和奖励，鼓励其继续努力，促进教学水平的进一步提升。同时，对于工作表现不佳的教师，也应该及时进行指导和帮助，并根据实际情况采取相应的处置措施，保证教师绩效评估的公正和公平。

加强评估与激励机制需要全校师生的共同参与和支持。学校和教育部门应该建立起健全的评估体系和激励机制，为教师提供良好的发展环境和发展条件，引导教师积极参与专业发展和教学改革。同时，教师也应该自觉地关注和参与评估和激励活动，不断提升自己的教学水平和专业素养。加强评估与激励机制是推动教育培训改革的重要举措。通过建立科学的教师绩效评估体系，将教师的专业发展情况纳入考核范畴，并建立相应的激励和奖励机制，可以增强教师的积极性和动力，推动教学水平的提升和教育教学改革的深入。

通过以上策略的有效实施，可以促进高校教师的持续发展，提升教育教学质量，推动高校整体发展。

# 第三节　师德师风建设

高校师德师风建设是推动教育事业健康发展的重要保障，它关乎着教师的品行和教学风格，对塑造良好的校园文化和提升教学质量具有重要意义。

## 一、强化师德师风教育

通过开展一系列的师德师风教育活动，组织师德师风主题讲座以及举办教师专业道德规范宣讲等形式，可以有效提高教师的道德修养和教育教学素质，从而促进高校教育事业的健康发展。高校可以开展多样化的师德师风教育活动。这些活动可以包括师德师风教育周、教师座谈会、德育讲座、教师风采展示等形式，旨在引导教师树立正确的教育理念和价值观，弘扬良好的师德风尚。通过丰富多彩的活动，激发教师的责任感和使命感，提升其教育教学的质量和水平。

邀请教育专家、学者或优秀教师举办讲座，围绕师德师风相关的主题进行探讨和交流，为教师提供学习和借鉴的机会。这些讲座可以涵盖教师的职业道德、教育理念、教学方法、学术规范等方面的内容，帮助教师树立正确的教育观念，提高教学水平。另外，高校可以举办教师专业道德规范宣讲活动。通过宣讲教师专业道德规范和行为准则，明确教师的职责和义务，规范教师的行为和言论。这样的宣讲活动可以加强教师的法律意识和职业操守，引导教师严格遵守教师职业道德规范，保持良好的师德师风形象。

要加强师德师风教育，需要建立健全的管理机制和监督机制。学校可以建立起健全的师德师风考核评估机制，对教师的师德师风进行定期评估和监督，发现并纠正存在的问题。同时，要加强教师队伍建设，注重培养和选拔品德高尚、业务精湛的优秀教师，为高校师德师风的建设提供坚实的人才保障。加强师德师风教育是高校教育管理工作的重要任务。通过多种形式和途径，提高教师的道德修养和教育教学素质，促进高校教育事业的健康发展。

## 二、建立健全师德考核机制

通过设立师德考核指标体系，将教师的师德师风表现纳入教师绩效评估范畴，并将师德考核结果与岗位晋升、职称评定等挂钩，形成对教师的激励和约束机制，可以有效促进高校教育教学质量的提升和校园师德师风的健康发展。该体系应该包括教师的职业道德、教学态度、学术诚信、师生关系、教育教学质量等多个方面的指标，涵盖教师的工作全过程和方方面面。这样的指标体系应该具有科学性、客观性和可操作性，能够真实反映教师的师德师风表现，为师德考核提供客观准确的评价依据。

将师德考核纳入教师绩效评估范畴是必要的。学校可以通过定期的绩效评估，对教师的师德师风表现进行全面评估和考核，将师德考核结果与教师的岗位晋升、职称评定等挂钩，形成绩效考核的重要组成部分。这样的做法可以促使教师更加重视师德师风建设，增强其教育教学责任感和使命感。另外，建立师德考核机制需要注重公平公正。学校应该建立起健全的考核程序和评价标准，保障师德考核的公平、公正和客观性，避免主观因素和人为干扰对考核结果的影响。同时，要加强对考核过程的监督和评估，确保师德考核工作的科学规范和规范运行。

建立师德考核机制需要结合教师队伍建设的实际情况和特点。学校可以根据不同教师的职业特点和工作要求，制定差异化的考核标准和评价方法，注重突出重点，突出实效，确保考核工作的针对性和有效性。同时，要加强对考核结果的应用与反馈，及时奖惩分明，激励先进，约束不端，形成师德师风建设的长效机制。建立健全的师德考核机制是推动高校师德师风建设的关键举措。通过设立师德考核指标体系，将师德考核纳入教师绩效评估范畴，并注重公平公正，结合教师队伍建设的实际情况和特点，可以有效促进高校师德师风建设的深入开展，提升教育教学质量和校园文化建设水平。

## 三、加强师范教育与培训

针对教师，特别是年轻教师，加强师范教育和专业培训，不仅可以提升其教育教学水平和教育教学理念，还能够注重培养其对教育事业的热爱和责任感，为高校教育事业的发展注入新的活力和动力。师范教育是培养优秀教师的重要途径，通过系统的教育理论学习、教学实践锻炼和专业知识培养，可以为教师提供全面的教育教学素养和专业素养。因此，学校应该重视师范教育的质量和效果，不断改进教育教学内容和方法，培养出符合时代需求和教育发展需要的优秀教师。

随着教育事业的不断发展和教学模式的不断更新，教师需要不断提升自己的教育教学水平和专业素养，适应新时代的教育教学要求。因此，学校可以组织各类专业培训活动，如教学技能培训、课程设计培训、教育科研培训等，为教师提供更新的教育教学理念和方法，提升其教育教学水平。另外，加强师范教育与培训要注重培养教师的爱岗敬业精神和责任感。教师作为教育事业的参与者和推动者，其教学质量和工作态度直接影响学生的成长和发展。因此，学校应该在师范教育和培训中，注重培养教师对教育事业的热爱和责任感，引导教师树立正确的教育理念和职业操守，努力为学生提供优质的教育教学服务。

加强师范教育与培训需要全校师生的共同努力。学校和教育部门应该加大对师范教育和专业培训的投入力度，建立健全的教育教学培训体系，为教师提供良好的培训条件和环境。同时，教师也应该积极参与到培训中，自觉提升自己的教育教学水平和专业素养，不断完善自己，为学校教育事业的发展贡献力量。加强师范教育与培训是推动高校师德师风建设的重要举措。通过重视师范教育、加强专业培训、注重培养教师的爱岗敬业精神和责任感，可以为高校教师队伍的建设提供坚实的基础，推动高校教育事业的全面发展。

# 第四节　教学团队建设与协同合作

## 一、高校教学团队建设与协同合作的意义

### （一）提升教学质量

提升教学质量是教育事业的永恒追求，而教学团队的协同合作则成为实现这一目标的有效途径。教育界普遍认同，教师之间的资源共享和经验交流是提高教学质量的关键之一。通过团队的协同合作，教师们可以充分利用彼此的优势资源，共同探讨、研究，并不断完善教学方法与资源。在这个过程中，借鉴优秀的教学案例和方法成为一种常见而有效的方式。比如，某位教师在教学中采用了一种新颖的互动式教学方法，通过团队合作，其他教师可以学习并尝试运用这一方法，从而为课堂注入更多生机与活力。

在教学资源共享的基础上，经验交流更是教学团队协同合作的核心。不同的教师拥有不同的教学经验和理念，通过定期的交流研讨会、教学观摩活动等形式，他们可以分享自己在教学实践中的心得体会，共同探讨教学中遇到的难题并寻找解决方案。这种交流不仅有助于教师个体的成长，更能够促进整个团队的教学水平的提升。比如，一位资深教师可能有丰富的教学经验，他的经验分享可以为年轻教师提供宝贵的借鉴，帮助他们更好地应对教学中的各种挑战。

除了资源共享和经验交流外，教学团队协同合作还能够带来更广泛的教学资源和支持。在团队合作中，教师们可以共同策划课程、设计教学活动，并通过共同的努力丰富教学资源库。比如，一些高校设立了教学研究中心或者教学发展部门，这些机构可以为教师提供教学技能培训、教学咨询服务等支持，帮助教师们更好地应对教学挑战，提高教学质量。

教学团队协同合作对于提升教学质量具有重要意义。通过资源共享、经

验交流和合作支持，教师们可以共同提高教学水平，为学生提供更加优质的教育服务。这不仅符合教育事业的发展需要，也是教师个体成长的重要途径。因此，建立和发展教学团队的协同合作机制，是当前和未来教育工作的重要任务。

### （二）推动创新与改进

推动创新与改进是教学团队协同合作的重要作用之一。团队合作为教师们提供了一个共同的平台，可以激发他们的创新意识和动力。在团队合作的氛围中，教师们可以充分发挥各自的想象力和创造力，共同探索教学中的新思路、新方法。团队合作有助于汇聚众人的智慧，通过集思广益的方式发现问题、提出解决方案。在团队合作的过程中，教师们可以共同探讨教学中遇到的困难和挑战，汇集各自的观点和经验，找到最适合的解决方案。比如，当团队中的教师们共同面对某个教学难点时，他们可以进行头脑风暴，开展讨论和思想碰撞，从而激发出更多创新的思路和方法。

通过团队合作，教师们可以及时对教学内容、方法进行改进和调整，以适应不断变化的教学需求和学生特点。在团队合作的氛围中，教师们可以分享自己的教学实践和反思，共同探讨教学效果，并及时对教学内容和方法进行调整和优化。比如，当团队中的教师们发现某种教学方法在实践中效果不佳时，他们可以共同探讨原因，并寻找改进的方案，以提高教学效果。此外，团队合作还可以促进教师们之间的专业发展和学习。在团队合作的过程中，教师们可以互相借鉴、学习，不断提升自己的教学水平和专业能力。比如，一位教师在教学实践中尝试了一种新的教学方法，通过团队合作，其他教师可以学习并借鉴这种方法，从而丰富自己的教学经验。

团队合作有助于激发创新意识和动力，通过集思广益的方式发现问题、提出解决方案，并及时对教学内容、方法进行改进和调整。因此，建立和发展教学团队的协同合作机制，对于推动教学创新和提高教学质量具有重要意义。

## （三）提高教师专业水平

提高教师专业水平是教学团队协同合作的一个重要目标。团队合作为教师们提供了一个相互学习、互相促进的平台，在这个平台上，教师们可以共同探讨教学理念、交流教学经验，从而不断提高自己的专业水平和教学能力。在团队合作的氛围中，教师们可以相互学习、借鉴对方的优点和经验。每个教师都有自己的教学特长和擅长领域，通过团队合作，教师们可以互相交流、分享自己的教学经验和心得体会，从而借鉴对方的优点，弥补自己的不足。比如，一位教师在教学中擅长运用多媒体技术进行教学，而另一位教师则擅长课堂管理，通过团队合作，他们可以相互学习、互相借鉴，共同提高教学水平。

在团队合作的过程中，教师们还可以共同探讨教学中的难点和问题，并共同寻找解决方案。教学是一个复杂的过程，教师们在实践中常常会遇到各种各样的困难和挑战。通过团队合作，教师们可以共同探讨这些问题，并通过集思广益的方式找到解决方案。比如，当团队中的教师们面临某个教学难点时，他们可以共同讨论、开展研讨会，通过集体智慧找到最合适的解决方案。在团队合作的过程中，教师们还可以共同研究教育教学理论和方法，不断拓宽自己的教学视野和知识面。教育教学是一个不断发展和变化的领域，教师们需要不断学习、更新自己的知识和理念，以适应不断变化的教学需求和学生特点。通过团队合作，教师们可以共同研究教育教学理论和方法，不断拓展自己的教学视野和知识面，从而更好地服务于学生的学习需求。

团队合作为教师们提供了一个相互学习、互相促进的平台，在这个平台上，教师们可以共同探讨教学理念、交流教学经验，共同探讨教学中的难点和问题，并共同研究教育教学理论和方法，从而不断提高自己的专业水平和教学能力，更好地服务于学生的学习需求。因此，建立和发展教学团队的协同合作机制，对于提高教师专业水平具有重要意义。

## （四）加强团队凝聚力和认同感

加强团队凝聚力和认同感是教学团队协同合作的重要效果之一。团队合作不仅可以促进教师们在工作中的合作与协调，更能够加强他们之间的凝聚力和认同感，形成共同进取的工作氛围。

通过共同参与教学团队建设和合作活动，教师们得以更加深入地了解彼此，增进彼此之间的信任和理解。在团队合作的过程中，教师们共同面对各种挑战和困难，共同解决问题，这样的共同经历能够加强他们之间的情感联系，促进团队凝聚力的形成。比如，当团队中的教师们共同参与一个教学项目时，他们需要共同协作、共同努力，这样的共同经历能够增进他们之间的凝聚力，形成团结一致的工作氛围。

在团队合作的过程中，教师们还能够共同制订和实施一些团队建设和合作计划，这有助于增强他们的归属感和认同感。当教师们参与到团队建设和合作活动中时，他们不仅是个体，更是团队的一部分，这样的参与感和归属感能够促使他们更加积极地投入团队合作中，共同为团队的发展和进步努力。比如，团队中的教师们可以共同制订教学改进计划，共同参与教学活动的设计与实施，这样的参与过程能够增强他们的认同感和责任感，形成团队合作的强大动力。

团队合作还能够促进教师之间的相互帮助和支持，进一步加强团队的凝聚力和认同感。在团队合作的过程中，教师们可以相互协助、相互支持，共同解决问题，这样的互助关系不仅能够增强他们之间的凝聚力，更能够促进他们之间的友谊和信任。比如，当团队中的教师们遇到教学上的困难时，他们可以相互交流、相互帮助，共同解决问题，这样的互助关系能够促进他们之间的凝聚力和认同感，形成团队合作的良好氛围。

通过共同参与教学团队建设和合作活动，教师之间的凝聚力会得到增强，形成团结一致、共同进取的工作氛围，提升团队的凝聚力和认同感。因此，建立和发展教学团队的协同合作机制，对于加强团队凝聚力和认同感具有重要意义。

## （五）实现教育教学目标

实现教育教学目标是教学团队协同合作的根本使命之一。教学团队通过协同合作，可以整合各方资源，优化课程设置，从而更有效地实现教育教学目标，为学生提供全面、系统的教育服务。

团队协同合作的一个显著优势在于资源整合。教学团队成员拥有不同的专业背景、教学经验和资源，通过合作，他们可以将这些资源整合起来，充分利用。比如，一些团队可能拥有丰富的教学资料、教学技术以及各种教学设备，通过团队合作，这些资源可以得到更好的利用，为实现教育教学目标提供更充分的支持。团队协同合作还有助于优化课程设置，使其更贴合实际教学需求。在团队合作的过程中，教师们可以共同研究、讨论课程设置，充分考虑学生的学习需求和教学实际，不断优化课程内容和结构。比如，团队中的教师们可以共同设计课程教学大纲、教学计划和教学评价体系，确保课程目标的明确性和达成度，为学生提供更加系统和完整的教育服务。

通过团队协同合作，教师们可以更好地配合、协调教学活动，使之更有针对性和高效性。团队中的教师们可以共同分工，合理安排教学任务，充分利用各自的专长和优势，从而使教学活动更加有序、流畅。比如，在团队合作中，教师们可以共同策划课程内容、制订教学计划、设计教学活动，并共同参与教学评价，确保教学活动的顺利进行和达到预期的教学效果。

团队协同合作还有助于促进教师之间的相互学习和提高，进而提高整个团队的教育教学水平。通过团队合作，教师们可以共同交流、分享教学经验和教学方法，相互借鉴、互相学习，从而不断提高自己的教学水平和专业能力。比如，团队中的教师们可以定期举办教学研讨会、教学观摩活动等，共同探讨教学中的难点和问题，交流教学心得和经验，促进教师之间的专业成长和提高。

## 二、高校教学团队建设与协同合作的方法

### （一）定期开展教学团队培训和交流活动

定期开展教学团队培训和交流活动是促进教育教学质量提升的关键举措之一。这些活动不仅可以帮助教师不断提升自身的教学水平，还能够促进教

师之间的相互学习和交流，从而共同推动教育事业的发展。随着教育教学理念和技术的不断更新，教师们需要不断学习和掌握新的教学方法和技能，以适应不断变化的教学需求和学生特点。因此，定期组织教师参加教学方法培训活动，可以帮助教师了解最新的教学理论和方法，提高他们的教学能力和水平。

每个教师在教学实践中都会积累一定的教学经验和教学案例，通过定期举办教学案例分享活动，教师们可以将自己的教学案例和经验分享给其他教师，让大家共同探讨、借鉴，从而丰富教学方法和手段，提高教学质量。此外，定期组织教师参加教学经验交流活动也是推动教育教学质量提升的重要途径之一。教师们在教学实践中会遇到各种各样的问题和挑战，通过定期举办教学经验交流活动，教师们可以共同探讨教学中遇到的问题，分享解决问题的经验和方法，互相启发、互相促进，从而不断提高教学水平和质量。

定期开展教学团队培训和交流活动是促进教育教学质量提升的重要举措。这些活动不仅可以帮助教师不断提升教学能力和水平，还能够促进教师之间的相互学习和交流，共同推动教育教学事业的发展。因此，建立健全的培训和交流机制，定期开展教学团队培训和交流活动，对于提高教育教学质量具有重要意义。

## （二）建立教学资源共享平台

建立教学资源共享平台是促进教育教学质量提升的重要举措之一。通过搭建在线平台或资源库，教师们可以方便地上传和分享优秀的教学案例、教学资源以及教学设计，从而促进教师之间的资源共享和借鉴，提高整体教学水平。在传统的教学环境中，教师们往往只能依靠会议、研讨会等方式进行交流，信息传递效率较低。而通过搭建在线平台或资源库，教师们可以随时随地方便地上传和分享自己的教学资源，进行交流和互动，从而更加高效地获取所需的教学信息和资源。

建立教学资源共享平台可以丰富教学资源，提供更多样化的教学内容和方法。教师们在教学实践中积累了大量的优秀教学案例和资源，通过将这些资源上传到共享平台，可以为其他教师提供丰富多样的教学参考和借鉴，从而丰富教学内容，提高教学质量。比如，一位教师在教学中尝试了一种新的教学方法或教学活动，通过将这一经验分享到共享平台上，其他教师可以从中获取灵感和启发，进而创新自己的教学方法和设计。建立教学资源共享平台还可以促进教学经验的沉淀和传承。教师们在教学实践中积累了大量的宝贵经验和教训，通过将这些经验分享到共享平台上，可以使之得以沉淀和传承，为后来者提供借鉴和参考。这样一来，教师们的教学经验不仅可以为自己所用，还可以为整个教育教学领域的发展做出贡献。

## （三）建立团队协同合作机制

建立团队协同合作机制是提升教学质量和推动教育事业发展的关键步骤之一。通过设立教学团队负责人或教学领导小组，可以有效地统筹和协调团队合作事务，明确责任分工，推动团队协同合作的顺利进行，从而实现更加高效和协调的教育教学工作。

教学团队通常由多位教师组成，每位教师都有自己的教学任务和责任。在这样的情况下，如果没有一个专门负责统筹和协调团队合作事务的人员或机构，可能会导致教学工作的混乱和不协调。因此，设立教学团队负责人或教学领导小组，可以有效地统筹和协调团队合作事务，确保教学工作的顺利进行。设立教学团队负责人或教学领导小组可以明确责任分工，提高工作效率。教学团队中的每个成员都有自己的专业领域和教学任务，通过明确责任分工，可以让每个成员更加专注于自己的工作，提高工作效率。比如，可以将教学团队的工作分为教学设计、教学评价、教学研究等不同方面，由不同的成员负责，从而形成协同合作的工作模式，提高工作效率。

设立教学团队负责人或教学领导小组还可以推动团队协同合作的顺利进行。教学团队中的每个成员都有自己的专业知识和经验，通过团队协同合作，可以充分利用每个成员的优势资源，共同推动教学工作的开展。设立教学团队负责人或教学领导小组，可以对团队的协同合作进行有效的引导和推动，使之更加顺利和高效。建立团队协同合作机制是提升教学质量和推动教育事业发展的关键举措之一。通过设立教学团队负责人或教学领导小组，可以有效地统筹和协调团队合作事务，明确责任分工，推动团队协同合作的顺利进行。这不仅有助于提高教学工作的效率和质量，也有助于促进教学团队的发展和壮大。因此，建立健全的团队协同合作机制，对于推动教育事业的发展具有重要意义。

### （四）开展跨学科合作与项目化教学

开展跨学科合作与项目化教学是教学团队协同合作的一种重要形式。这种教学模式鼓励不同学科的教师之间进行合作，共同设计和实施跨学科项目，旨在促进知识交叉与融合，培养学生的综合能力。不同学科之间的知识和技能往往相辅相成，通过跨学科合作，可以将不同学科的知识和技能有机地结合起来，形成更加综合和完整的教学内容。例如，在一个关于环保的项目中，自然科学老师可以教授关于环境污染的知识，社会科学老师可以介绍环保政策和社会责任，艺术老师可以引导学生通过艺术作品表达对环保的关注，从而形成一个综合的跨学科教学项目。

传统的学科教学往往局限于特定的知识领域，难以全面培养学生的综合能力。而通过跨学科合作与项目化教学，学生可以接触到更多不同学科的知识和技能，培养综合分析和解决问题的能力，提高跨学科思维和创新能力。例如，一个涉及社会科学、自然科学和艺术的跨学科项目，可以帮助学生全面了解问题背后的多方面因素，并提出创新性的解决方案，从而培养学生的综合能力。

跨学科合作与项目化教学还可以促进教师之间的交流与合作，提高教师的教学水平和专业能力。在跨学科合作的过程中，教师们需要相互协作、相互借鉴，共同设计和实施跨学科项目，这样的合作过程有助于拓展教师的教学视野和知识面，提高其教学水平和专业能力。同时，教师们在跨学科合作中也可以相互学习、互相促进，共同提高教学质量。

开展跨学科合作与项目化教学是促进教学团队协同合作的重要举措。这种教学模式不仅能够促进知识的交叉与融合，培养学生的综合能力，还可以促进教师之间的交流与合作，提高教师的教学水平和专业能力。因此，建立健全的跨学科合作与项目化教学机制，对于推动教育教学质量的提升具有重要意义。

## （五）建立教学团队评价机制

建立教学团队评价机制是确保教学团队协同合作持续发展的重要保障。通过建立科学的教学评价体系，对教学团队的合作与成果进行全面评估和反馈，可以及时发现问题并加以改进，从而不断提升教育教学质量。评价机制不仅可以明确教学团队的整体目标，还可以明确每个成员的工作任务和责任，从而为教学团队的协同合作提供明确的指导和支持。例如，可以通过制订教学团队年度工作计划和目标，明确每个成员的工作任务和责任，确保教学团队的工作方向和目标的一致性。

评价机制不仅可以评估整个团队的合作效果和成果，还可以评估每个成员在团队合作中的贡献和表现，从而激励团队成员积极参与团队合作，发挥个人优势，共同促进团队的发展和进步。例如，可以通过定期评估和考核团队成员的工作表现和贡献，给予优秀成员适当的奖励和激励，同时对于表现不佳的成员提供相应的改进和培训机会，以提升整个团队的合作效果和效率。

评价机制可以通过对团队合作过程和成果进行全面评估和分析，及时发现团队合作中存在的问题和短板，并针对性地提出改进措施和建议，从而不断提升团队合作的质量和效果。例如，可以通过定期组织教学团队评审会议，对团队合作过程中存在的问题和挑战进行深入讨论和分析，并提出相应的解决方案和改进措施，以促进团队合作的持续发展和进步。

建立教学团队评价机制是确保教学团队协同合作持续发展的重要保障。通过建立科学的教学评价体系，对教学团队的合作与成果进行全面评估和反馈，可以及时发现问题并加以改进，从而不断提升教育教学质量。因此，建立健全的教学团队评价机制，对于推动教育教学质量的提升具有重要意义。

## （六）注重激励机制与奖惩措施

注重激励机制与奖惩措施是促进教学团队协同合作和提升教育教学质量

的重要手段。通过设立相关奖励机制，可以激励教师积极参与团队合作，共同推动教学事业的发展；同时，建立奖惩机制，也能对合作不力或不配合的教师进行适当处罚，以维护教学团队的整体利益和合作氛围。

通过设立奖励机制，可以充分肯定和表彰那些在教学团队合作中做出突出贡献的教师，激励他们积极投入到团队合作中，共同推动教学事业的发展。奖励可以以各种形式进行，如提供个人荣誉、给予奖金或奖品、提供晋升机会等，以满足教师们不同的激励需求，进而激发他们的工作动力和积极性。

在教学团队中，一些教师可能存在合作意识不强、工作不认真负责等问题，这些问题如果得不到及时纠正和处理，会对教学团队的整体合作效果和教学质量造成不良影响。因此，建立奖惩机制，对于合作不力或不配合的教师进行适当处罚，可以起到警示作用，促使教师们自觉遵守团队合作的规则和要求，共同维护团队的整体利益和合作氛围。

设立相关奖励机制和建立奖惩机制还可以帮助教学团队更好地发挥协同合作的效果。通过奖励机制，可以充分发挥教师个人的积极性和创造力，激发其参与团队合作的热情和动力；而通过建立奖惩机制，可以有效约束教师的行为，规范其工作表现，从而确保团队合作的顺利进行和取得更好的成果。

注重激励机制与奖惩措施是促进教学团队协同合作和提升教育教学质量的重要手段。通过设立相关奖励机制，可以激励教师积极参与团队合作，共同推动教学事业的发展；同时，建立奖惩机制，也能对合作不力或不配合的教师进行适当处罚，以维护教学团队的整体利益和合作氛围。因此，建立健全的激励机制与奖惩措施，对于推动教育教学质量的提升具有重要意义。

高校可以有效地建设教学团队，促进团队成员之间的协同合作，提高教学质量，推动教育教学事业的发展。

# 第六章 高校教育体系信息化建设与应用

## 第一节 教育信息化发展现状与趋势

### 一、教育信息化发展现状

高校教育信息化在当前已经取得了显著进展，其发展现状主要体现在以下几个方面。

#### （一）数字化教学工具普及

数字化教学工具的普及已成为当今高校教育信息化发展的一大趋势。在这个数字化时代，高校普遍采用各种数字化教学工具，例如在线教学平台、电子教材、教学视频等，以提供更加丰富和便捷的教学资源，满足学生个性化学习需求。传统的教学方式可能受限于时间、空间等因素，难以提供足够丰富和多样的教学资源。而数字化教学工具可以将教学资源数字化，通过在线教学平台和电子教材等形式进行存储和传播，不受时间和空间的限制，可以提供更加丰富和多样的教学内容，满足学生不同层次和不同需求的学习。

学生可以通过电子设备随时随地访问在线教学平台和电子教材，自主选择学习时间和地点，不再受到传统课堂教学的限制。同时，教师也可以根据学生的学习情况和需求，灵活调整教学内容和方式，提供更加个性化和针对性的教学服务，从而更好地促进学生的学习效果。数字化教学工具的普及促进了教学模式的创新和升级。传统的教学模式往往以教师为中心，学生被动接受知识，缺乏互动和参与。而数字化教学工具可以提供丰富的多媒体教学资源和互动学习平台，使得教学更加生动有趣，学生参与度更高。例如，教学视频可以生动地展示知识点，激发学生的兴趣；在线讨论平台可以促进学生之间的交流和互动，提高学习效果。

数字化教学工具的普及为高校教育信息化带来了许多积极的影响。通过提供丰富多样的教学资源、提高教学的灵活性和便捷性、促进教学模式的创新和升级，数字化教学工具为高校教育信息化发展提供了新的机遇和挑战。因此，高校应进一步推动数字化教学工具的应用和普及，不断完善教育信息化建设，以更好地满足学生个性化学习需求，推动教育教学质量的不断提升。

## （二）在线教学模式普及

随着互联网技术的不断发展，高校教育正逐步迎来在线教学模式的普及。这种趋势包括了远程教育、混合式教学等多种形式，为学生提供了更为灵活的学习方式，同时也满足了学生分散性和异地就读的需求。通过远程教育平台，学生可以在不同地点、不同时间进行学习，不再受制于传统的课堂教学时间和地点限制。这种灵活性使得那些因工作、家庭或其他原因无法参加传统课堂教学的学生能够更便捷地获取到高等教育资源。

混合式教学将传统课堂教学与在线学习相结合，通过线上资源提供课前预习、课后复习等辅助学习，使得课堂教学更加高效。这种模式充分利用了在线教学的便捷性和灵活性，同时也保留了传统课堂教学的互动性和实践性，提升了学习效果和教学质量。此外，在线教学模式的普及还推动了教学方法和资源的创新。传统的教学模式可能受到教师个人水平和资源限制，难以提供多样化的教学内容和方法。而在线教学平台可以集成各种教学资源，包括教学视频、电子教材、在线测验等，为教师提供更丰富的教学工具和资源，激发了教师的创新意识，提高了教学效率和质量。

随着互联网技术的不断发展，高校教育正逐步普及在线教学模式，包括远程教育、混合式教学等多种形式。这种趋势为学生提供了更为灵活的学习方式，满足了学生分散性和异地就读的需求。同时，也推动了教学方法和资源的创新，提高了教学效率和质量。因此，高校应进一步推广和完善在线教学模式，为学生提供更为丰富和多样化的学习体验，促进教育教学质量的不断提升。

### （三）教学管理信息化

教学管理信息化已经成为高校教育领域中的一项重要趋势。随着科技的不断进步，高校广泛采用教务管理系统、学生信息管理系统等信息化工具，实现了教学资源、课程安排、学生管理等方面的智能化管理，从而提高了教学管理的效率和精度。通过教务管理系统，高校能够对教学资源进行统一管理，包括课程资料、教学大纲、教学计划等。教师可以随时随地通过系统上传和更新教学资源，学生也能够方便地获取所需的学习材料。这样的管理方式不仅提高了资源的利用率，还简化了管理流程，节约了大量的时间和人力成本。

传统的排课工作需要教务人员手工制定课程表，考虑教师的时间、教室的空闲情况等因素，工作量大且容易出错。而借助教务管理系统，可以实现自动排课功能，系统根据各种约束条件自动生成合理的课程表，大大提高了排课的效率和精度，减少了排课过程中的人为失误。教学管理信息化也加强了学生管理和服务。学生信息管理系统可以对学生的个人信息、课程成绩、学业进展等进行全面记录和管理，为学生提供了便捷的学籍查询、成绩查询等服务。同时，系统也能够提供个性化的学业辅导和教学指导，帮助学生更好地规划学习路径和提升学习成绩。

教学管理信息化还为高校教学研究和评估提供了强大支持。通过对教学数据的收集和分析，可以及时发现教学过程中存在的问题和不足，为教学改革和提升提供科学依据。同时，系统还能够对教学效果进行评估和反馈，帮助教师和管理者及时调整教学策略，不断提高教学质量。教学管理信息化为高校教育管理带来了巨大的变革和提升。通过提高教学资源管理效率、优化课程安排流程、加强学生管理和服务以及支持教学研究和评估，教学管理信息化有效地提高了教学管理的效率和精度，促进了高校教育教学质量的不断提升。因此，高校应进一步推动教学管理信息化的发展，不断完善信息化工具和系统，为教学管理提供更为便捷、高效的支持。

## （四）科研信息化支持

科研信息化已成为高校科研活动中的一项重要支持手段。随着高校建设科研管理系统、科研项目管理平台等信息化工具的推广，为教师和学生的科研活动提供了更加便捷和高效的支持，进而促进了科研成果的产出和转化。传统的科研管理往往依赖于纸质文档和手工记录，工作效率低且易出错。而科研管理系统的使用使得科研项目的立项、管理、执行等环节实现了数字化、自动化，大大简化了管理流程，提高了工作效率和精度。教师和学生可以通过系统随时查询科研项目的进展情况、经费使用情况等信息，有利于及时发现问题并采取有效措施。

科研项目管理平台为团队成员提供了共享资源、实时交流、协同编辑等功能，有利于教师和学生之间的信息共享和合作交流。团队成员可以通过平台共同编写研究计划、提交论文、进行实验数据共享等，加强了团队的凝聚力和合作效率，有利于促进科研成果的产出和转化。另外，科研信息化也提升了科研活动的透明度和规范化水平。科研管理系统可以对科研项目的资金使用、研究进展等进行全面记录和管理，使得科研活动的过程更加透明化和规范化。同时，系统还能够对科研项目进行定期审计和评估，发现和解决存在的问题，保障科研活动的顺利进行和成果的质量。

科研信息化还为高校科研成果的转化提供了有力支持。科研管理系统可以对科研成果进行全面记录和管理，包括论文、专利、软件著作权等，为科研成果的评价、推广和转化提供了便捷的途径。教师和学生可以通过系统提交科研成果申报、查看成果奖励等信息，有助于促进科研成果的产出和转化。科研信息化为高校科研活动提供了全方位的支持。通过提高科研管理的效率和精度、促进科研团队的协同合作、提升科研活动的透明度和规范化水平，以及支持科研成果的产出和转化，科研信息化为高校科研工作的发展起到了积极的推动作用。因此，高校应进一步加强科研信息化建设，提升科研管理水平，推动科研成果的不断涌现和转化，为高校的科研事业发展注入新的活力。

## （五）数据驱动决策

数据驱动决策已经成为高校管理的一个重要趋势。通过信息化手段收集和分析教学、科研、学生等方面的数据，高校实现了数据驱动的决策，为高校发展提供了科学依据和支持。高校通过信息化系统收集的各项数据，包括教学评估数据、学生学业数据、科研成果数据等，反映了高校各方面的运行状况和发展趋势。通过对这些数据进行分析和挖掘，可以及时发现问题和趋势，为高校管理者提供科学依据，指导决策制定和实施，从而提高了管理的科学性和精确性。

高校通过信息化系统收集的数据可以反映各类资源的利用情况，包括教学资源、科研资源、人力资源等。通过对这些数据进行分析，可以发现资源利用的瓶颈和不足，合理调整资源配置，优化资源利用效率，提高高校的整体运行效率和效益。通过分析教学评估数据和科研成果数据，高校可以及时了解教学和科研工作的情况，发现存在的问题和不足，并采取相应的措施加以改进。例如，针对教学评估数据反映出的教学质量问题，可以及时调整教学方法和内容，提升教学效果；针对科研成果数据反映出的研究方向不明确或成果产出不足等问题，可以及时调整科研方向和重点，提高科研水平和成果质量。

数据驱动决策也促进了高校的持续改进和创新发展。通过不断收集、分析和利用数据，高校可以及时发现问题和挑战，不断优化管理机制和流程，推动管理模式的创新和发展。同时，数据驱动决策还能够为高校未来发展方向和战略规划提供重要参考，促进高校的长远发展和持续进步。数据驱动决策为高校管理提供了重要支持和依据。通过信息化手段收集和分析教学、科研、学生等方面的数据，实现了对高校管理的科学、精确、优化、持续改进的驱动，为高校的发展提供了科学依据和支持。因此，高校应进一步加强信息化建设，完善数据采集和分析机制，充分发挥数据驱动决策的作用，推动高校管理水平和发展质量的不断提升。

# 二、教育信息化发展趋势

## （一）智能化教育

智能化教育已成为高校教育领域中的一个重要趋势。随着人工智能、大数据等前沿技术的不断发展，高校教育正逐步实现个性化、智能化的教学模式和学习环境，以更好地满足学生的学习需求。传统的教学模式往往采用一刀切的方式，无法充分考虑到每个学生的学习特点和需求。而借助人工智能和大数据技术，高校可以对学生的学习情况进行全面、精准的分析，了解到每个学生的学习风格、兴趣爱好、学习习惯等信息，从而针对性地为每个学生设计个性化的学习计划和教学内容，提供个性化的学习体验。

借助人工智能技术，高校可以开发智能教学系统，实现自动批改作业、智能推荐学习资料、个性化学习路径规划等功能，大大减轻了教师的工作负担，提高了教学效率。学生在使用智能化教学系统时，可以根据自己的学习进度和能力水平，自主选择学习内容和学习方式，更加高效地进行学习。另外，智能化教育也推动了教学内容和方法的创新和优化。通过大数据分析学生的学习数据，高校可以发现教学过程中存在的问题和不足，及时调整教学内容和方法，提升教学效果。同时，人工智能技术还可以为教师提供教学辅助工具，如智能化教学软件、虚拟实验平台等，丰富了教学手段，提高了教学的多样性和趣味性。

智能化教育促进了教育资源的共享和开放。借助互联网和智能化技术，高校可以实现教育资源的共享和开放，将优质的教学资源分享给更多的学生和教师。同时，高校也可以借助智能化技术开发在线教育平台，为社会各界提供学习机会，促进教育的普及和发展。智能化教育为高校教育带来了诸多机遇和挑战。通过实现个性化学习、智能化教学、教学内容创新和资源共享开放等方式，智能化教育更好地满足了学生的学习需求，提高了教学效率和质量，促进了教育的发展。因此，高校应积极借助前沿技术，推动智能化教育的发展，不断提升教育教学水平，培养更多具有创新精神和实践能力的人才。

## （二）深度融合

深度融合是教育信息化发展的一个重要趋势，它将教育信息化与云计算、物联网、区块链等新兴技术相结合，推动教学、科研、管理等方面的全面升级和创新。教育信息化与云计算的深度融合将带来教学资源的高效共享和灵活调配。通过云计算技术，高校可以建立起大规模的教学资源库，包括教学视频、电子教材、在线课程等，实现教育资源的集中存储和统一管理。教师和学生可以随时随地通过云平台获取所需的教学资源，实现教学内容的即时更新和灵活调配，为个性化教学提供了更为丰富的支持。

物联网技术可以实现校园各类设施和设备的互联互通，包括智能教室、智能图书馆、智能实验室等，为学生和教师提供更加便捷、智能的学习和工作环境。例如，智能教室可以根据教学需求自动调节灯光和温度，智能图书馆可以通过射频识别技术（RFID）实现图书借阅和管理的自动化，提高了教学和学习的效率和舒适度。教育信息化与区块链技术的深度融合将促进学生学习成果的可信存证和学术成果的版权保护。区块链技术的去中心化和不可篡改性特点，可以为学生的学习成果提供可信的存证和溯源机制，防止学术造假和抄袭行为的发生。同时，区块链技术还可以为学术研究成果的版权保护提供技术支持，实现学术成果的知识产权保护和合法使用，促进学术交流和合作的开展。

教育信息化还将与人工智能、大数据等技术深度融合，实现教学内容的个性化推荐和学生学习行为的智能分析。通过大数据分析学生的学习数据和行为模式，结合人工智能技术为每个学生量身定制个性化的学习计划和教学内容，提高了教学的针对性和有效性。深度融合是教育信息化发展的必然趋势，它将教育信息化与云计算、物联网、区块链等新兴技术相结合，推动教学、科研、管理等方面的全面升级和创新。这种融合将为高校教育提供更加智能化、个性化的学习环境和服务，促进教育教学质量的不断提升。因此，高校应积极借助新兴技术，推动教育信息化与各领域的深度融合，实现教育的创新发展和提质增效。

## （三）开放共享

在高校教育信息化的进程中，开放共享已成为一个不可或缺的重要环节。高校正在越来越注重教育资源的开放共享，积极参与开放教育资源平台建设，以促进全球教育资源的互通互享，实现优质教育资源的共享和共赢。随着互联网技术的普及和发展，许多高校加入了开放教育资源平台，如 Coursera、edX 等。这些平台提供了丰富的在线课程、教学资源和学习工具，为学生和教师提供了更多选择和机会。高校将自己的教学资源分享到这些平台上，既可以提升自身的知名度和影响力，也能够与其他高校进行资源共享，实现优势互补，共同提高教育水平。

通过开放教育资源平台，高校可以将自己的教学资源向全球范围内开放，吸引更多来自不同国家和地区的学生参与学习。这种跨地域、跨文化的学习体验有助于学生拓宽视野、增长知识，促进国际教育交流与合作，实现全球教育资源的共享和共赢。开放共享也推动了高校教育资源的优化和创新。面向全球的开放教育资源平台要求高校不断提升教学质量和创新能力，开发更丰富、更优质的教育资源，以吸引更多学生和教师的关注和使用。这种竞争机制促使高校不断改进教学方法、更新教学内容，提高教学水平，推动教育资源的优化和创新。

开放共享也为高校提供了更广阔的发展空间和合作机遇。通过参与开放教育资源平台建设，高校可以与国内外其他高校、教育机构、企业等建立合作关系，共同探索教育信息化的发展路径，推动教育资源的共享和创新。这种合作模式不仅有助于高校资源的整合和优化，还能够促进教育行业的发展，推动高校教育事业向更高水平迈进。通过积极参与开放教育资源平台建设，促进全球教育资源的互通互享，推动优质教育资源的共享和共赢，开放共享不仅能够促进高校教育质量的提升，还能够为高校提供更广阔的发展空间和合作机遇，推动教育事业的健康发展。因此，高校应加强与其他机构的合作，积极参与开放教育资源平台建设，共同推动教育信息化的发展。

## （四）个性化学习

个性化学习已成为高校教育信息化领域的一个重要发展趋势。高校正在积极推动个性化学习平台的建设和应用，通过数据分析和智能化技术，为学生提供个性化的学习内容、学习路径和学习支持，以提高教学效果和学习体验。传统的教学模式往往是围绕教师的教学计划和教材编写，无法充分考虑到每个学生的学习特点和需求。而个性化学习平台则通过收集和分析学生的学习数据，了解到每个学生的学习风格、兴趣爱好、学习能力等信息，从而为每个学生量身定制个性化的学习内容和学习计划，使得学生在学习过程中更加自主、高效。

个性化学习平台通过智能化技术提供了更加智能化的学习支持。借助人工智能和大数据技术，个性化学习平台可以为学生提供智能推荐学习资料、智能分析学习数据、智能化学习辅导等功能，帮助学生更好地掌握学习内容，提高学习效率。例如，系统可以根据学生的学习情况和需求，智能推荐适合的学习资源和学习路径，为学生提供个性化的学习体验。个性化学习平台还可以提供多样化的学习方式和学习环境。通过个性化学习平台，学生可以根据自己的学习习惯和时间安排，选择在线学习、远程学习、混合式学习等多种学习方式。同时，学生还可以在不同的学习环境下进行学习，如学校、家庭、图书馆等，以提供更加灵活和多样化的学习体验。

个性化学习平台的建设也促进了教师的教学水平和教学质量的提升。通过个性化学习平台收集的学生学习数据，可以为教师提供更加全面和准确的学生评估信息，帮助教师更好地了解学生的学习情况和学习需求，调整教学内容和教学方法，提高教学效果和学生满意度。个性化学习是高校教育信息化发展的重要方向之一。通过个性化学习平台的建设和应用，可以为学生提供个性化的学习内容、学习路径和学习支持，提高教学效果和学习体验。因此，高校应积极推动个性化学习平台的建设和应用，不断完善个性化学习体系，促进教育信息化水平的提升，为学生提供更加优质和个性化的教育服务。

## （五）跨界合作

跨界合作已成为高校教育信息化发展的重要推动力量。高校正加强与企业、社会组织等外部合作，共同推动教育信息化的发展，实现教育资源的跨界共享和优势互补，以推动教育事业的跨越式发展。高校与企业、社会组织等外部机构的合作，为教育资源的共享打开了新的渠道。企业可以提供先进的技术支持和丰富的教育资源，为高校教学、科研等方面提供有力支持；社会组织可以为高校提供丰富的实践机会和实践资源，丰富学生的实践经验和技能培养。高校与外部合作伙伴的共同努力，将教育资源的边界打破，促进资源的共享和开放，为教育信息化的发展提供了更广阔的空间。

高校与企业、社会组织等外部合作伙伴携手开展科研项目、技术研发等活动，为教育信息化技术的创新和应用提供了新的思路和动力。企业可以将先进的技术应用到教育领域，开发出适合高校教育信息化发展的创新产品和服务；社会组织可以为高校提供创新的教育理念和实践经验，推动教育信息化技术的创新和应用。跨界合作促进了不同领域间的交流与合作，为教育信息化技术的发展带来了更多的可能性和机遇。高校与企业、社会组织等外部合作伙伴共同开展课程设计、教学资源开发等活动，丰富了高校的教学内容，使之更加贴近社会需求和行业发展趋势；同时，外部合作伙伴还可以为高校提供先进的教学方法和教学技术，促进高校教学模式的创新和改进。跨界合作不仅拓展了高校的教学资源和教学手段，还丰富了学生的学习体验，提高了教学质量和效果。

高校与企业、社会组织等外部合作伙伴共同开展实践教学、实习实训等活动，为学生提供更广阔的实践平台和实践机会，促进学生综合能力的培养和提升。通过与外部合作伙伴的合作，高校还可以了解到行业的最新发展动态和用人需求，及时调整人才培养方向和目标，提高学生的就业竞争力和社会适应能力。跨界合作对于推动高校教育信息化的发展具有重要意义。通过与企业、社会组织等外部合作伙伴的紧密合作，高校可以实现教育资源的共享和开放，促进教育信息化技术的创新和应用，丰富教学内容和教学方法，推动高校人才培养的全面发展。因此，高校应积极加强与外部合作伙伴的合作，共同推动教育信息化，实现教育事业的跨越式发展。

高校教育信息化在发展现状中已经取得了显著进展，同时也面临着智能化、深度融合、开放共享、个性化学习、跨界合作等趋势。随着科技的发展和社会需求的变化，高校教育信息化将迎来更加广阔的发展空间和机遇。

# 第二节　教育技术在高校教育体系中的应用

## 一、增强教学效果和体验

教育技术在高校教育体系中的应用可以有效增强教学效果和学习体验。通过利用多媒体教学、虚拟实验室、交互式学习软件等教育技术工具，教师可以更生动地展示教学内容，激发学生的学习兴趣；学生可以通过在线学习平台获取丰富的学习资源，自主学习的时间和地点更加灵活，提升了学习的效率和质量。

### （一）多媒体教学

教育技术的应用使得教学过程更加多样化和生动化。教师可以利用多媒体教学工具，如投影仪、电子白板等，将文字、图片、视频等多种形式的教学内容结合起来，以视觉、听觉等多种感官刺激学生，激发他们的学习兴趣。这种生动的教学方式能够使学生更加专注，更容易理解和吸收知识。

### （二）虚拟实验室

教育技术的另一大应用是虚拟实验室。通过虚拟实验室软件，学生可以在电脑上进行各种实验操作，模拟真实的实验环境。这不仅能够弥补实验室资源不足的问题，还能够提供更安全、更经济的实验体验。学生可以在虚拟实验室中随时随地进行实验，增加了实验的灵活性和便捷性。

## （三）交互式学习软件

教育技术的又一应用是交互式学习软件。这类软件通常包括练习题、互动游戏、模拟演示等，能够让学生积极参与学习过程，提高学习的趣味性和效果。通过与软件的互动，学生可以更加深入地理解教学内容，巩固所学知识，并在失败中学习，提高学习效率。

## （四）在线学习平台

教育技术的应用还体现在在线学习平台上。这些平台提供了丰富的学习资源，包括教学视频、电子教材、在线讨论区等，学生可以根据自己的学习进度和需求自主选择学习内容和学习方式。在线学习的灵活性使学生可以在任何时间、任何地点进行学习，极大地提高了学习的便捷性和效率。

## （五）自主学习

教育技术的应用还鼓励和促进了学生的自主学习。通过在线学习平台和其他教育技术工具，学生可以自主选择学习内容和学习进度，根据自己的学习情况进行调整和安排，提高了学习的自主性和主动性。这种自主学习方式培养了学生的学习能力和自我管理能力，为其未来的学习和工作打下了良好的基础。

综上所述，教育技术在高校教育体系中的应用可以有效增强教学效果和学习体验。通过多媒体教学、虚拟实验室、交互式学习软件等教育技术工具的运用，学生可以获得更加丰富、生动和个性化的学习体验，教学效果得到了有效提升。

# 二、促进个性化学习

教育技术的应用使得个性化学习成为可能。通过学习管理系统和智能化学习平台，学生可以根据自身的学习需求和进度选择适合自己的学习路径和学习资源，实现个性化的学习体验。同时，教师可以根据学生的学习数据进行精准的教学指导和评估，帮助学生更好地发挥自己的潜力。

## （一）学习管理系统的建设和应用

学习管理系统（LMS）是个性化学习的关键工具之一。通过 LMS，学生可以方便地访问课程内容、学习资源和作业等，并根据自身的学习需求和兴趣选择适合自己的学习路径。同时，教师可以通过 LMS 对学生的学习情况进行跟踪和分析，为个性化教学提供数据支持。

## （二）智能化学习平台的应用

智能化学习平台利用人工智能等技术，可以根据学生的学习行为和反馈，智能推荐学习资源和活动，为学生提供个性化的学习体验。这些平台可以根据学生的学习习惯和能力水平调整难度，提供个性化的挑战和支持，从而更好地满足学生的学习需求。

## （三）个性化学习路径设计

基于学生的兴趣、学习风格和学习目标，教师可以设计个性化的学习路径。这包括选择适合学生的教材、课程内容和学习活动，以及采用多样化的教学方法和评估方式，从而最大程度地激发学生的学习兴趣和主动性。

## （四）学习数据分析和个性化教学指导

教师可以通过学习数据分析工具，对学生的学习情况进行精准的评估和反馈。通过分析学生的学习表现和行为，教师可以及时发现学生的学习困难和问题，并针对性地给予个性化的教学指导和支持，帮助学生克服困难，提高学习效果。

## （五）建立学习社区和合作机制

个性化学习不意味着孤立的学习，而是在个性化学习的基础上，通过建立学习社区和合作机制，促进学生之间的互动和合作。学生可以在学习社区中分享学习经验和资源，相互支持和学习，从而丰富个性化学习的内容和形式，提高学习效果和满意度。

# 三、拓展教学手段和方法

教育技术的应用为高校教育体系提供了丰富多样的教学手段和方法。除了传统的课堂教学外，教师还可以利用视频会议、在线讨论、虚拟实验等教育技术工具开展远程教学、互动教学等多种教学模式，提供更加灵活和多样化的教学体验。

## （一）视频会议教学

教师可以利用视频会议工具进行远程教学，实现教学内容的即时传递和互动交流。通过视频会议，教师可以跨越地域限制，与学生进行面对面的交流和讨论，提供实时的教学指导和反馈。这种教学模式不仅可以满足学生异地学习的需求，还可以丰富教学形式，激发学生的学习兴趣。

## （二）在线讨论和互动教学

利用在线讨论平台，教师可以组织学生进行实时的讨论和交流，分享学习心得和思考。通过在线讨论，学生可以在课堂之外继续深入思考和学习，加强对知识的理解和应用。同时，教师可以及时解答学生的疑问，引导学生思考，促进学生之间的互动和合作。

## （三）虚拟实验和模拟教学

利用虚拟实验平台和模拟教学软件，教师可以为学生提供更加安全、便捷和灵活的实验学习环境。学生可以通过虚拟实验进行实验操作和数据采集，模拟真实实验过程，提高实验技能和科学素养。这种教学方法不仅可以节约实验资源和时间成本，还可以拓展实验内容和形式，提高学生的学习效果和体验。

### （四）个性化学习平台和自主学习模式

教育技术可以为学生提供个性化学习平台，根据学生的学习需求和进度，推荐适合的学习资源和活动，实现个性化学习路径的设计和跟踪。同时，教育技术还可以支持学生自主学习模式的开展，通过在线课程、自主阅读和自我评估等方式，激发学生的学习兴趣和自主性，培养学生的自主学习能力和终身学习意识。

### （五）跨学科和跨文化教学

教育技术可以为高校提供跨学科和跨文化教学的平台和资源，促进不同学科和不同文化背景的交流与融合。通过跨学科教学，学生可以接触到更广泛的知识领域和学科理念，拓展学术视野和思维方式；通过跨文化教学，学生可以了解不同文化背景下的思维方式和价值观念，增强跨文化交流和合作能力。

通过以上教学手段和方法的拓展应用，可以丰富教学内容和形式，提高教学效果和学习体验，促进高校教育体系的不断创新和发展。

## 四、促进教学资源共享和协作

教育技术的应用促进了教学资源的共享和协作。通过建立教学资源共享平台和在线教学平台，高校可以将优质的教学资源和课程内容共享给其他高校和学生，实现教学资源的互通互享；同时，教师之间可以通过在线协作平台进行教学设计和教学案例分享，促进教学经验和教学方法的交流和借鉴。

### （一）教学资源共享平台

高校可以建立教学资源共享平台，将优质的教学资源、课件、教案等进行整合和分类，供教师和学生免费获取和使用。这样的平台可以使得教学资源得到更好的利用，避免资源的重复开发和浪费，同时也能够促进教学内容的丰富和更新。

## （二）在线教学平台

在线教学平台可以为学生提供课程内容、学习资源和作业任务等，使得学生可以随时随地进行学习。同时，教师可以在平台上发布课程信息、布置作业、进行在线答疑等，实现教学的全程管理和监控。这样的平台不仅方便教学管理，还能够提高学生的学习效率和积极性。

## （三）教师在线协作平台

教师之间可以通过在线协作平台进行教学设计、教学案例分享、教学经验交流等。通过分享教学资源和经验，教师可以相互借鉴和学习，提高教学水平和创新能力。这样的协作平台还可以促进教学团队之间的合作和沟通，推动教学改革和创新。

## （四）跨校合作和资源共建

高校之间可以开展跨校合作，共同建设教学资源和平台。通过资源共建，高校可以共享教学资源、实验设备、实习基地等，提高资源利用效率和质量水平。这种合作模式不仅可以节约成本，还能够促进教学资源的优化配置和整合利用。

## （五）开放教育资源

高校可以积极参与开放教育资源活动，将优质的教学资源免费开放给社会公众和其他高校。通过开放教育资源，可以促进教育公平和共享，扩大教育资源的覆盖范围，提高教育服务的效益和社会影响力。

通过以上措施的实施，可以促进教学资源的共享和协作，提高教学效率和质量，推动教育事业的发展和进步。同时，也能够促进高校之间的合作和交流，推动教学改革和创新。

## 五、提升教学管理效率和精度

教育技术的应用有助于提升教学管理效率和精度。通过教务管理系统、学生信息管理系统等教育技术工具，高校可以实现教学资源、课程安排、学生管理等方面的智能化管理，简化教学管理流程，减少人力成本，提高管理效率和精度。

### （一）教务管理系统

教务管理系统是高校教学管理的核心工具之一，通过该系统可以实现课程安排、教学资源管理、学生选课等功能。教务管理系统可以实现教学计划的自动化生成和调整，减少手工操作，提高课程安排的准确性和效率。同时，教务管理系统还可以为学生提供在线选课和学籍管理服务，简化学生管理流程，提高管理精度。

### （二）学生信息管理系统

学生信息管理系统可以实现学生信息的集中管理和统一查询，包括学生档案、成绩记录、课程选修情况等。通过学生信息管理系统，教务管理人员可以及时获取学生的信息，进行学籍管理和学业指导。同时，学生信息管理系统还可以为学生提供个性化的学习服务，根据学生的学习情况和需求推荐适合的课程和资源，提高学生的学习效率和成绩。

### （三）智能化教学资源管理

教育技术可以支持智能化的教学资源管理，根据课程需求和学生反馈，自动推荐和调整教学资源。通过智能化管理，可以实现教学资源的动态更新和优化配置，提高资源利用效率和教学效果。同时，智能化管理还可以为教师提供教学辅助工具，帮助教师更好地设计课程和教学活动，提高教学管理的精度和效率。

## （四）数据分析和决策支持

教育技术可以支持教学数据的采集、分析和应用，为教学管理人员提供决策支持。通过数据分析工具，可以对教学过程和学生学习情况进行全面的监控和评估，及时发现问题和优化方案。同时，教育技术还可以为教学管理人员提供教学管理指标和预警机制，帮助其及时调整教学策略，提高管理效率和精度。

## （五）信息化办公和协作平台

信息化办公和协作平台可以为教学管理人员提供便捷的办公环境和协作工具，支持远程办公和团队协作。通过信息化办公平台，教学管理人员可以实现教学资源的在线共享和协作编辑，促进教学管理团队之间的沟通和合作。这样的平台可以提高工作效率，降低沟通成本，提高管理精度和质量。

通过以上措施的实施，可以有效提升教学管理效率和精度，推动教学管理工作的现代化和智能化发展。

# 六、支持教育信息化发展

教育技术在高校教育体系中的应用是教育信息化发展的重要支撑。通过不断引入、创新和应用教育技术，高校可以逐步构建完善的教育信息化体系，实现教育资源的数字化、网络化、智能化，为教育事业的发展提供科技支持和保障。

## （一）引入先进技术促进教学改革

教育技术的不断引入与创新可以推动高校教学模式的变革和创新。例如，利用虚拟现实、增强现实技术，可以创造更为生动、直观的教学环境；利用人工智能、大数据分析技术，可以为学生提供个性化的学习路径和反馈。这些技术的应用有助于打破传统教学的时空限制，提升教学效果和质量。

## （二）推进数字化教育资源建设与共享

建设数字化教育资源库是教育信息化发展的重要内容之一。高校可以将优质的课程、教材、教学视频等资源进行数字化处理，并建立统一的资源平台，供师生自由获取和使用。同时，通过推动教育资源的共享，可以充分发挥资源的效益，提高教学效率和质量。

## （三）构建智能化教学管理系统

借助教务管理系统、学生信息管理系统等教育技术工具，高校可以实现教学管理的智能化和精准化。通过系统的数据采集、分析和处理，可以帮助高校管理者更好地了解教学情况和学生需求，及时调整教学计划和资源配置，提高教学管理的效率和精度。

## （四）推动在线学习和远程教育

教育技术的应用促进了在线学习和远程教育的发展。通过建设在线课程平台、远程教学系统等，可以实现跨时空的教学活动，满足学生异地学习的需求，扩大教育资源的覆盖范围。这种模式的发展有助于促进教育资源的共享和均衡发展，推动教育公平和可及性。

## （五）加强师资队伍建设与培训

教育信息化发展需要有高素质的师资队伍作为支撑。高校应加强教师的信息化意识和技能培训，提高其应对教育技术的能力和水平。同时，还应加强教师队伍的结构优化，引进和培养一批具有教育技术专业知识和实践经验的专业人才，为教育信息化的深入发展提供有力保障。

# 第三节 教育大数据与智能决策支持系统

## 一、数据采集与整合

高校教育大数据系统通过整合各个学院、部门以及教学管理系统中的数据，包括学生信息、教师信息、课程信息、教学资源等方面的数据，形成全面的教育数据集。这些数据涵盖了高校教育的各个方面，为后续的分析与决策提供了丰富的信息基础。

### （一）学生信息采集与整合

学生信息是高校教育大数据系统中的重要组成部分。通过学籍管理系统、学生档案系统等，可以采集学生的基本信息（如姓名、性别、年龄等）、学籍信息（如入学时间、专业方向等）、成绩信息、学习历史等。这些信息能够帮助高校了解学生的学习情况、学业发展轨迹，为个性化教学和学生管理提供支持。

### （二）教师信息采集与整合

教师信息的采集与整合是教育大数据系统中的另一个重要环节。通过教师信息管理系统、教师档案系统等，可以采集教师的基本信息（如姓名、职称、专业领域等）、教学经历、科研成果等。这些信息可以帮助高校了解教师的教学水平、科研能力，合理分配教学资源，提高教学质量。

### （三）课程信息采集与整合

课程信息包括课程设置、课程内容、教学计划等方面的信息。通过教务管理系统、课程管理系统等，可以采集课程的基本信息、课程大纲、教学计划等。这些信息可以帮助高校了解课程设置的合理性和完整性，优化课程安排，满足学生的学习需求。

### （四）教学资源采集与整合

教学资源是支撑教学活动的重要组成部分。通过教学资源管理系统、图书馆管理系统等，可以采集教学资源的信息，包括教材、教学视频、实验设备等。这些信息可以帮助高校了解教学资源的分布和利用情况，合理配置教学资源，提高教学效率。

### （五）跨部门数据整合与协同

高校教育大数据系统的建设涉及多个部门和系统之间的数据整合与协同。因此，需要建立统一的数据标准和接口规范，实现不同系统之间的数据共享与交互。同时，还需要加强各个部门之间的沟通与协作，确保数据的准确性和完整性，为后续的数据分析和决策提供可靠的数据支持。

通过以上措施的实施，高校教育大数据系统可以实现对各个方面数据的全面采集与整合，为后续的数据分析与决策提供丰富的信息基础，促进高校教育管理的现代化和科学化。

## 二、数据分析与挖掘

在数据采集的基础上，通过数据分析与挖掘技术，对教育大数据进行深度挖掘与分析。可以利用机器学习、数据挖掘等技术，发现学生学习行为规律、教学资源利用情况、教学效果评估等方面的信息，为高校管理者提供决策参考。

### （一）学生学习行为规律分析

数据分析与挖掘技术可以帮助高校了解学生的学习行为规律。通过分析学生的学习记录、作业完成情况、考试成绩等数据，可以发现学生学习的时间分布、学习习惯、学习模式等方面的规律。这些信息可以帮助高校了解学生的学习状态，为个性化教学和学生辅导提供参考。

## （二）教学资源利用情况分析

数据分析与挖掘技术可以帮助高校了解教学资源的利用情况。通过分析教学资源的使用记录、借阅情况等数据，可以发现教学资源的热门程度、使用频率、使用时段等信息。这些信息可以帮助高校合理配置教学资源，优化资源利用效率，提高教学质量。

## （三）教学效果评估与分析

数据分析与挖掘技术可以帮助高校评估教学效果。通过分析学生的学习成绩、评教反馈、课程完成情况等数据，可以评估教学的效果和影响，发现教学中存在的问题和不足之处。这些信息可以帮助高校及时调整教学策略，改进教学方法，提高教学质量。

## （四）学生学业预测与干预

基于数据分析与挖掘技术，可以实现对学生学业的预测与干预。通过分析学生的学习行为、成绩情况、社交关系等数据，可以预测学生的学业发展趋势和可能的风险，及时进行干预和辅导。这些信息可以帮助高校提前发现潜在的学业问题，有效防范学生辍学或退学的风险。

## （五）教师教学效能评估与提升

数据分析与挖掘技术可以帮助高校评估教师的教学效能，并为教师提供个性化的教学指导和支持。通过分析教师的教学评价、学生的学习成绩、课程完成情况等数据，可以评估教师的教学水平和教学效果，发现教学中存在的问题，并提供针对性的培训和支持。

## （六）课程设计与优化

基于数据分析与挖掘技术，可以对课程进行设计与优化。通过分析学生的选课情况、课程完成情况、教学资源利用情况等数据，可以发现课程设置的合理性和完整性，优化课程安排，满足学生的学习需求。

### （七）风险预警与应对措施

数据分析与挖掘还可以用于发现潜在的风险和问题，并提出相应的应对措施。例如，可以通过分析学生的学习行为数据，发现学习不良习惯和问题，及时进行干预和帮助；也可以通过分析教学资源利用情况，发现资源短缺和浪费问题，采取相应的调整和管理措施。

## 三、智能决策支持

基于数据分析与挖掘的结果，搭建智能决策支持系统，为高校管理者提供智能化的决策支持。该系统可以根据历史数据和实时数据，预测学生的学习状态和发展趋势，提供个性化的教学方案和学习建议；同时也能够对教学资源的分配和利用进行智能化调配，优化教学流程和管理效率。

### （一）学生学习状态预测与个性化教学方案

智能决策支持系统可以利用历史学生数据和实时学习数据，结合机器学习算法和数据挖掘技术，预测学生的学习状态和发展趋势。系统能够识别学生的学习偏好、学习习惯以及潜在的学习障碍，为每个学生提供个性化的教学方案和学习建议。例如，针对学习进度较慢的学生，系统可以推荐更加细致的学习计划和辅导资源，帮助他们更好地适应学习节奏。

### （二）教学资源智能化调配与优化

智能决策支持系统能够对教学资源的分配和利用进行智能化调配，以优化教学流程和提升管理效率。系统可以分析教学资源的利用情况和需求，根据教学计划和学生需求，自动调整资源分配方案。例如，在高峰时段增加教室的使用频率，优化教材和实验设备的分配，以满足不同课程和学生群体的需求，提高资源利用效率。

## （三）实时监测与反馈机制

智能决策支持系统具备实时监测学生学习和教学活动的能力，能够即时捕捉学生学习情况和教学效果，并提供实时的反馈和建议。系统可以通过学生学习平台、在线作业系统等实时获取学生的学习数据和表现，及时发现学习困难和问题，为教师和学生提供及时的教学指导和支持，确保教学活动的顺利进行和学习效果的达成。

## （四）教学效果评估与持续改进

智能决策支持系统可以对教学效果进行全面评估，并持续改进教学策略和方法。系统能够收集和分析学生的学习成绩、教学反馈、教学资源利用情况等数据，对教学活动的效果进行评估和分析。基于评估结果，系统可以自动生成教学报告和反馈，为教师提供改进建议和指导，推动教学质量的持续提升。

## （五）个性化教学与学习支持

智能决策支持系统可以实现个性化教学和学习支持，为每个学生提供量身定制的学习体验和支持服务。系统可以根据学生的学习特点和需求，推荐适合的学习资源和学习路径，提供个性化的学习建议和辅导方案。通过个性化教学和学习支持，系统能够更好地满足学生的学习需求，提高学习效果和满意度。

## （六）教学过程优化与资源配置

智能决策支持系统可以分析教学过程中的数据，发现教学过程中的瓶颈和问题，为教学流程的优化提供建议。系统可以根据教学活动的数据，自动生成教学过程的反馈报告和优化建议，为教师提供改进方向和策略。同时，系统还能够根据教学资源的利用情况和需求，自动调整资源配置方案，提高资源利用效率和教学质量。

### （七）教学管理决策智能化

智能决策支持系统可以为高校管理者提供智能化的教学管理决策支持。系统能够自动分析教学活动的数据和教学资源的利用情况，为管理者提供全面的数据分析和决策建议。管理者可以根据系统提供的数据和建议，及时调整教学策略和资源配置，优化教学管理效率和教学质量。

智能决策支持系统具有预测、分析、反馈、优化等功能，能够为高校教学管理者提供智能化的决策支持，推动教育教学的科学化和智能化发展。

## 四、实时监测与反馈

实时监测与反馈是高校教育大数据系统的重要功能之一，它能够帮助教师和管理者及时了解教学过程和资源利用情况，从而采取相应的措施进行优化和改进。

### （一）学生学习行为实时监测

高校教育大数据系统可以实时监测学生的学习行为，包括学习活动的频率、时长、访问路径等方面。通过学习管理系统、在线作业平台等工具，系统能够记录学生的学习轨迹和行为数据，并及时反馈给教师和管理者。这样，教师可以随时了解学生的学习状态和进度，及时发现学习困难和问题，为学生提供个性化的教学支持和指导。

### （二）学生学习表现实时监控

除了监测学生的学习行为外，教育大数据系统还能够实时监控学生的学习表现，包括考试成绩、作业完成情况、在线测试结果等。通过成绩管理系统和在线评测平台，系统能够即时获取学生的学习成绩和表现数据，并对比历史数据进行分析。这样，教师可以及时发现学生的学习问题和差异，为个性化教学提供参考。

### （三）实时教学反馈和支持

基于学生学习行为和表现的实时监测，教育大数据系统能够为教师提供实时的教学反馈和支持。系统可以根据学生的学习情况和表现，自动生成学习报告和评价，帮助教师了解学生的学习情况和需求，及时调整教学方法和策略，提供针对性的教学指导和支持。

### （四）教学资源利用情况实时监控

教育大数据系统还可以实时监控教学资源的利用情况，包括教室利用率、教材使用情况、实验设备的使用情况等。通过教室管理系统、图书馆管理系统等工具，系统能够实时获取教学资源的利用数据，并分析资源的使用效率和需求情况。这样，管理者可以及时调整资源的配置和利用，提高资源利用效率和教学效果。

### （五）资源优化配置实时反馈

基于对教学资源利用情况的实时监控，教育大数据系统能够为管理者提供实时的资源优化配置反馈。系统可以根据实时数据和需求情况，自动生成资源配置报告和优化建议，帮助管理者及时调整资源的配置和利用方案，提高资源利用效率和教学质量。

### （六）学生行为异常实时监测与预警

教育大数据系统可以实时监测学生的行为异常，如学习行为异常、考试作弊等情况，并提供实时的预警机制。通过学习管理系统和监控平台，系统能够自动识别学生的异常行为，发出预警通知并采取相应的应对措施，保障教学秩序和学术诚信。

### （七）持续改进与调整

实时监测与反馈系统能够为教学管理者提供持续改进的机会。通过不断分析学生学习行为和教学资源利用情况的实时数据，教师和管理者可以及时发现问题和挑战，并采取相应的改进措施。这样，教学过程和资源配置能够不断优化和改进，提高教学效果和管理效率。

实时监测与反馈系统能够为高校教学管理者提供全面、及时的教学过程监控和资源利用情况反馈，为教学质量的提升和教学管理的优化提供重要支持。

## 五、持续优化与改进

持续优化与改进是高校教育大数据系统发展的重要环节，它能够不断提升系统的智能化水平和决策精度，确保系统与教学管理需求的匹配度。

### （一）数据质量管理

持续优化与改进的首要任务是确保数据的质量和完整性。系统需要建立严格的数据采集、存储和管理机制，加强数据清洗、去重、标准化等工作，保证数据的准确性和可靠性。同时，还需要不断完善数据质量评估指标和评估方法，及时发现和纠正数据质量问题，提高数据的使用价值。

### （二）算法模型优化

算法模型是决策支持系统的核心，其性能直接影响系统的准确性和效率。因此，持续优化与改进需要不断优化算法模型，提高其预测和分析能力。可以通过引入新的算法和技术，优化现有算法的参数和结构，提升算法的性能和适用范围。同时，还需要基于实际应用场景和需求，不断调整和改进算法模型，确保其与教学管理实践的紧密结合。

### （三）用户体验改进

用户体验是决策支持系统的重要指标之一，直接影响用户对系统的接受度和使用效果。因此，持续优化与改进需要不断改进系统的用户界面和交互设计，提高系统的易用性和友好性。可以根据用户反馈和需求，调整系统的功能布局和操作流程，优化用户体验，提升用户满意度。

### （四）数据分析与反馈机制改进

数据分析与反馈机制是决策支持系统的关键功能之一，能够实现对教学过程的实时监测和反馈。持续优化与改进需要不断改进数据分析和反馈机制，提高系统对学生学习行为和教学资源利用情况的监测精度和及时性。可以引入新的数据分析技术和算法，优化数据采集和处理流程，提高数据分析和反馈的效率和准确性。

### （五）功能扩展与定制化服务

随着教学管理需求的不断变化和发展，决策支持系统需要不断扩展新的功能和服务，满足不同用户的个性化需求。持续优化与改进需要不断引入新的功能模块和服务模式，丰富系统的功能和应用场景，提高系统的适用范围和灵活性。同时，还需要提供定制化的服务，根据不同高校和用户的需求，定制个性化的解决方案，提升系统的市场竞争力和用户满意度。

### （六）安全保障与风险管理

在持续优化与改进过程中，安全保障和风险管理是至关重要的。系统需要建立健全的安全保障机制和风险管理体系，保护教育大数据的安全和隐私，防止数据泄露和滥用。可以采取加密技术、访问控制、审计监控等手段，提高系统的安全性和可靠性，确保系统的稳定运行和用户信任度。

### （七）持续学习与发展

持续优化与改进是一个不断学习和发展的过程。系统需要建立开放式的学习机制和学习文化，引入新的知识和技术，不断学习和吸收行业最新的发展成果和经验。可以通过技术培训、学术交流等方式，提升团队成员的技术水平和专业素养，保持系统的创新性和竞争力。持续优化与改进是高校教育大数据系统发展的关键环节，能够提高系统的智能化水平和决策精度，推动教学管理的现代化和科学化发展。

高校教育大数据与智能决策支持系统能够为高校管理者提供全面、深度的数据支持和智能化的决策服务，帮助高校实现教育管理的现代化与科学化。

# 第四节　在线教育平台与资源共享机制

## 一、高校在线教育平台

### （一）平台建设与功能特点

高校在线教育平台的建设与功能特点具有重要的教学和学习意义。这一数字化学习环境的建立旨在满足远程学习和灵活学习需求，为学生和教师提供便捷的学习和教学工具。该平台具备多种功能，包括但不限于在线课程管理、视频教学、作业提交、讨论互动以及实时在线辅导等。高校在线教育平台为学生提供了灵活的学习机会。学生可以根据自己的时间和地点选择课程，无须受制于传统的课堂教学时间和地点限制。这种自主学习的方式有助于学生更好地安排学习时间，提高学习效率。

平台提供了多样化的教学资源和学习方式。通过在线课程管理功能，学生可以轻松地访问各种课程内容，包括录制的教学视频、电子教材等。这种多样化的学习资源能够满足不同学生的学习需求，丰富了学习体验。同时，平台上的视频教学功能为学生提供了直观、生动的学习方式。通过视频教学，学生可以更好地理解课程内容，增强学习效果。而且，视频教学还可以根据学生的学习进度进行反复观看，加深学生的理解和记忆。

作业提交和讨论互动功能为学生提供了与教师和同学进行交流和讨论的平台。学生可以通过在线平台提交作业、参与讨论，与教师和同学进行互动，分享学习经验、解决学习问题。这种互动交流有助于促进学生的学习兴趣和学习动力，提高学习效果。平台还提供了实时在线辅导功能，为学生提供了及时的学习支持。学生可以通过平台随时向教师提问、寻求帮助，解决学习中的疑惑和困难。这种实时在线辅导能够及时解决学生的问题，提高学生的学习效率和满意度。

高校在线教育平台的建设和功能特点为学生和教师提供了便捷、灵活的学习和教学环境。这一数字化学习平台的建立有助于促进教学改革和提高教学质量，推动高校教育向着更加现代化、智能化的方向发展。

### （二）课程资源的丰富与更新

高校在线教育平台的核心优势之一在于其汇集了丰富多样的教学资源，这些资源包括录制的教学视频、电子教材、在线习题库等。这一丰富的资源库为学生提供了多样化的学习体验和学习方式，有助于满足不同学生的学习需求，并且提升了教学的灵活性和有效性。通过录制的教学视频，学生可以在任何时间、任何地点观看课程内容。这种学习方式突破了传统课堂教学的时间和空间限制，使学生能够根据自己的学习进度和时间安排进行学习。同时，视频教学还可以提供生动直观的教学内容，更好地激发学生的学习兴趣和学习动力。

电子教材的使用使得学习材料更加便捷和实用。学生可以通过在线平台随时获取电子教材，不再需要依赖传统纸质教材，大大提高了学习资源的利用效率。此外，电子教材还具有更新迭代快、内容可搜索等特点，有助于学生更加方便地获取所需信息。除此之外，在线习题库为学生提供了大量的练习题和题目资源。学生可以通过在线平台进行练习和自测，巩固和加深对课程知识的理解和掌握。这种形式的学习不仅能够提高学生的学习效率，还可以帮助他们发现和弥补自己的学习不足之处。

要保持在线教育平台的吸引力和有效性，课程资源的更新和完善是至关重要的。随着教育技术和教学理念的不断发展，教学内容和方法也在不断更新。因此，平台需要跟进最新的教学方法和技术，及时更新和完善课程资源。这包括更新录制的教学视频，优化电子教材内容，扩充在线习题库等。只有如此，平台才能保持与时俱进，始终保持其教学内容的时效性和吸引力。高校在线教育平台的丰富课程资源为学生提供了多样化的学习体验和学习方式。然而，为了保证平台的持续吸引力和有效性，课程资源的更新和完善是必不可少的。只有不断跟进最新的教学方法和技术，及时更新和优化课程资源，平台才能真正发挥其教学功能，为学生提供优质的教育资源和学习体验。

## （三）技术支持与用户体验

高校在线教育平台在实现其功能和目标过程中，离不开先进的教育技术支持。同时，用户体验的设计也是至关重要的。平台需要依托先进的教育技术，确保其在各种环境下都能够稳定运行，并且具备足够的性能和扩展性，以应对不断增长的用户量和需求。这包括对服务器、网络等基础设施的技术支持以及对平台本身的技术优化和更新。

友好的界面设计、简洁明了的操作流程能够提升用户的满意度和使用体验。用户体验设计应该考虑到不同用户群体的特点和需求，尽可能简化操作步骤，提供清晰的指导和帮助信息，确保用户能够轻松上手并流畅地使用平台。此外，平台应该支持多种终端访问，包括 PC 端、移动端等，以满足用户随时随地进行学习的需求。技术支持提供了平台稳定性和功能性的保障，而用户体验设计则提供了更好的使用体验和用户满意度。两者需要密切配合，共同为用户提供优质的学习环境和体验。

高校在线教育平台需要依托先进的教育技术支持，确保平台的稳定性和功能完善性；同时，用户体验设计也是至关重要的，友好的界面设计和简洁明了的操作流程能够提升用户的满意度和使用体验。技术支持和用户体验设计应该相辅相成，共同为用户提供优质的学习环境和体验。

## （四）数据分析与个性化学习支持

数据分析在高校在线教育平台上扮演着重要角色，它能够利用学生的学习数据进行个性化学习支持，从而提高学生的学习效果和满意度。通过数据分析技术，平台可以收集和分析学生的学习数据，包括学习行为、学习进度、偏好等方面的信息。通过对这些数据的深入分析，平台可以了解每位学生的学习特点和需求。

基于学生的学习数据，平台可以为每位学生提供个性化的学习建议和辅导。例如，对于学习进度较快的学生，平台可以提供更多的挑战性练习或深入的学习资源，以帮助他们进一步提高学习水平。而对于学习进度较慢或存在困难的学生，则可以提供针对性的辅导和支持，帮助他们克服学习障碍，提高学习效果。平台还可以根据学生的学习偏好和兴趣，推荐相关的学习资源和课程内容。通过个性化的推荐系统，平台可以为每位学生量身定制学习路径，使其更加感兴趣和投入学习。

个性化学习支持不仅有助于提高学生的学习效果，还能够增强学生的学习动力和自信心。当学生感受到平台对其个性化学习需求的关注和支持时，会更加积极地参与学习活动，提高学习的主动性和积极性。数据分析技术为高校在线教育平台提供了强大的个性化学习支持能力。通过深入分析学生的学习数据，平台可以为每位学生量身定制学习路径，提供个性化的学习建议和辅导，从而有效提高学生的学习效果和满意度。

## （五）在线评估与反馈机制

建立在线评估和反馈机制是高校在线教育平台中至关重要的一环。这一机制能够实现对学生的学习情况和教学效果进行实时监测和评估，为教师和学生提供及时的反馈和支持，促进教学质量的提升。通过在线测验和作业提交等方式，平台可以对学生的学习情况进行实时监测和评估。教师可以根据学生在测验和作业中的表现，了解他们的学习水平和掌握程度。这种实时监测能够帮助教师及时发现学生的学习困难和问题，并及时采取措施加以解决。

通过在线评估和反馈机制，教师可以给予学生即时的评价和反馈。教师可以针对学生在学习过程中的表现，提供个性化的指导和建议，帮助学生改进学习方法和提高学习效果。这种及时的反馈有助于激发学生的学习动力和兴趣，提高学生的学习积极性。通过在线评估和反馈机制，学生也可以对教学过程和教学效果进行评价和反馈。学生可以通过平台提交反馈意见和建议，表达对教学内容和教学方式的看法，帮助教师了解学生的学习需求和反馈，及时调整教学策略和教学内容，提高教学质量和学生满意度。

教师也可以通过平台对学生的学习情况进行跟踪和评估。通过分析学生的学习数据和行为，教师可以了解学生的学习进度和学习态度，及时发现学习问题和困难，调整教学策略和教学内容，更好地满足学生的学习需求。建立在线评估和反馈机制对于高校在线教育平台来说至关重要。这一机制能够实现对学生学习情况和教学效果的实时监测和评估，为教师和学生提供及时的反馈和支持，促进教学质量的提升。通过在线评估和反馈机制，可以不断优化教学过程，提高学生的学习效果和满意度。

## 二、高校资源共享机制

高校资源共享机制需要建立统一的平台和规范的标准，以便各个高校能够共享和获取教学资源。这些平台可以包括在线教育资源库、教学资源交流论坛等，为高校提供一个共享资源的空间。同时，需要制定规范的标准和流程，确保共享资源的质量和可用性。

### （一）资源整合与分类管理

在高校资源共享机制中，资源整合与分类管理是至关重要的环节。这一过程涉及对各类资源进行整合、分类和管理，其中包括教学课件、教学视频、实验设备等。通过有效的资源整合和分类管理，可以提高资源的利用效率和共享效益，避免资源的重复建设和浪费，从而实现教育资源的最大化利用。资源整合是指将各类教育资源集中起来，建立一个统一的资源平台或库。这些资源可以是来自不同学院、不同部门或不同教师的，也可以是外部资源。通过资源整合，可以避免资源的分散存储和管理，提高资源的可访问性和可利用性。学校可以通过建立统一的资源管理系统，将各类资源进行统一存储、管理和更新，为教师和学生提供便捷的资源获取渠道。

资源分类管理是指对各类资源进行分类和组织管理。这可以根据资源的内容、形式、学科领域等方面进行分类，以便教师和学生能够快速地找到所需资源。例如，可以将教学课件按照学科分类，将教学视频按照课程分类，将实验设备按照实验项目分类等。通过资源分类管理，可以使资源的组织更加清晰、有序，提高资源的检索效率和使用便捷性。资源整合与分类管理的重要性在于提高教育资源的利用效率和共享效益。通过有效地整合和管理各类资源，可以避免资源的重复建设和浪费，节约教育资源的投入成本。同时，资源的统一管理和分类组织可以促进教师之间的资源共享和交流，实现资源的互通互享，促进教学质量的提升。

学校可以建立专门的资源管理团队或机构，负责资源的整合和分类管理工作。这个团队可以负责收集、整理、分类和更新各类资源，制定资源管理规范和流程，提供技术支持和培训，推动资源共享机制的落实和发展。资源整合与分类管理是高校资源共享机制中的关键环节。通过有效地整合和分类管理各类资源，可以提高资源的利用效率和共享效益，促进教学质量的提升，实现教育资源的最大化利用。这需要学校积极建立资源管理团队或机构，制定相关的管理规范和流程，推动资源共享机制的落实和发展。

## （二）促进跨校合作与交流

促进跨校合作与交流是高校资源共享机制的重要内容，其实施可以有效提升高校的教学水平和科研水平，推动整个教育体系的发展。不同高校之间存在着各自独特的教学经验和教学方法，通过资源共享机制，可以促进这些宝贵的经验和方法之间的交流与分享。教师可以互相学习借鉴，吸收其他学校的成功经验，提升自身的教学水平。这种跨校的教学经验交流有助于丰富教学手段，提高教学效果，从而推动高校教学水平的不断提升。

资源共享机制不仅包括教学资源的共享，也包括科研资源的共享。不同高校之间的科研团队可以通过资源共享机制合作开展科研项目，共同攻克科研难题，提高科研成果的产出和转化效率。通过跨校之间的科研成果共享与合作，可以推动学术研究的进步，促进学科领域的交叉融合，推动学术界的发展。资源共享机制有助于打破传统的人才培养模式，推动人才培养模式的创新与改革。学生可以跨校选修课程、参与科研项目，拓宽视野、提高能力，为未来的职业发展打下坚实的基础。同时，资源共享机制也有利于推动校企合作、校地合作，提供更多实践机会和就业机会，促进人才培养与社会需求的对接。

资源共享机制不仅可以促进教学与科研的交流合作，也可以促进文化的交流与融合。不同高校之间的文化氛围、学术氛围存在着差异，通过资源共享机制，可以促进文化的交流与融合，增进相互了解与理解，丰富校园文化，推动文化建设和精神文明的发展。促进跨校合作与交流是高校资源共享机制的重要内容。通过促进教学经验和方法的交流与借鉴、科研成果的共享与合作、人才培养模式的创新与改革、文化交流与融合等方式，可以推动高校教育事业的不断发展，为社会培养更多更优秀的人才，促进社会进步和发展。

## （三）保障知识产权与权益保护

在建立高校资源共享机制时，保障知识产权和权益保护是至关重要的，需要制定明确的政策和措施，以保护资源提供者的合法权益，并加强资源的安全管理和权限控制，防止资源被非法使用和侵权行为。需要建立明确的知识产权政策和合作协议。这些政策和协议应明确规定资源共享的范围、条件和限制，明确资源提供者和使用者的权利和义务，以确保资源的合法使用和合理分配。政策和协议还应规定知识产权的归属和保护机制，明确资源的版权归属以及资源的使用权限和限制。

需要加强资源的安全管理和权限控制。这包括建立健全的资源管理制度和安全管理体系，确保资源的存储、传输和使用过程安全可控。通过采取技术手段，如加密技术、数字水印等，对资源进行安全保护和权限控制，防止资源被非法复制、篡改或传播。同时，建立健全的用户身份认证和权限管理机制，确保只有合法授权的用户才能访问和使用资源，避免资源被未经授权的人员非法使用。此外，还需要加强对侵权行为的监测和处置。建立健全的侵权监测和应对机制，及时发现和处理侵权行为，保护资源提供者的合法权益。对于发现的侵权行为，应采取有效的法律手段进行维权和追责，以维护资源的合法使用和知识产权的正当权益。

需要加强知识产权意识和法律教育，提高师生对知识产权保护的重视和意识。通过开展知识产权保护宣传和培训活动，增强师生的知识产权保护意识和能力，提高他们对知识产权法律法规的了解和遵守，从而减少侵权行为的发生，保护资源提供者的合法权益。保障知识产权和权益保护是建立高校资源共享机制的重要前提和基础。只有加强知识产权保护意识，建立健全的法律法规和管理制度，才能有效保护资源提供者的合法权益，促进资源共享机制的健康发展和持续运行。

## （四）监督与评估机制

建立监督与评估机制是高校资源共享机制的重要组成部分。这一机制可以通过定期的评估和检查，对资源的共享和利用进行监督和评估，以确保资源的有效利用和共享效益最大化，同时及时发现问题和不足之处，加以改进和完善。通过收集和分析资源的使用数据和用户反馈意见，评估资源的使用情况和效果。评估内容可以包括资源的使用率、使用频次、受众群体以及用户对资源的满意度、评价等方面。通过这些评估结果，可以了解资源的实际使用情况，发现资源的优势和不足之处，为资源的进一步优化和改进提供参考。

通过对资源的版权、知识产权等方面进行检查，确保资源的合法性和可信度。同时，还可以对资源的质量进行评估，包括内容的准确性、完整性、及时性等方面。只有确保资源的合法性和质量，才能保障用户的权益和共享效益。另外，监督与评估机制还可以评估资源共享机制的运行效率和管理效果。通过评估资源共享机制的运行流程、管理制度等方面，了解资源共享机制的运行情况和管理效果。评估内容可以包括资源共享平台的技术支持、服务水平、管理效率以及资源共享机制的推广和应用情况。通过这些评估结果，可以发现资源共享机制的问题和瓶颈，提出改进建议，推动资源共享机制的不断完善和提升。

通过公开透明的评估过程和结果，增强资源共享机制的公信力和透明度，提高用户对资源共享机制的信任和满意度。同时，还可以建立规范化的管理制度和操作流程，规范资源共享机制的运行和管理，确保资源共享机制的有效实施和持续运行。建立监督与评估机制对于高校资源共享机制的健康发展和持续运行至关重要。通过定期的评估和检查，可以了解资源的使用情况和效果，及时发现问题和不足之处，加以改进和完善，从而实现资源的最大化利用和共享效益。

### （五）鼓励创新与分享精神

高校资源共享机制的建立不仅旨在提高资源利用效率，更重要的是要激发教师和学生的创新意识和分享精神。通过鼓励创新和分享，可以激发教师和学生的创造力和活力，促进教学资源的不断更新和优化，从而推动教育教学的发展和进步。学校可以设立各种奖项和荣誉，如优秀教学资源奖、教学创新奖等，以奖励那些在资源共享和创新方面做出突出贡献的教师和学生。通过这种奖励机制，可以激发教师和学生的积极性和创造力，促进他们更加积极地参与资源共享活动，并分享自己的教学资源和经验。

学校可以组织各种教学资源共享和创新研讨会、论坛、沙龙等活动，为教师和学生提供交流和展示的平台，鼓励他们分享教学资源和教学经验，促进资源的共享和创新。通过这些活动，可以促进教师和学生之间的交流与合作，激发他们的创新潜力和活力，推动教学质量的提升。可以建立创新和分享的网络平台，为教师和学生提供在线分享和交流的平台。学校可以建立专门的在线教学资源库或社区，供教师和学生上传、分享和下载教学资源，促进资源的共享和传播。通过这种网络平台，可以打破地域和时间的限制，实现资源的广泛共享和交流，促进教学资源的不断更新和优化。

学校可以通过教育教学培训、宣传栏目、社交媒体等渠道，宣传和弘扬创新和分享的理念，培养教师和学生的创新意识和分享精神，引导他们更加积极地参与资源共享和创新活动，为教育教学事业的发展做出贡献。鼓励创新和分享精神是高校资源共享机制发展的重要保障和推动力量。通过建立奖励机制、开展各类创新和分享活动、建立网络平台等措施，可以激发教师和学生的创造力和活力，促进教学资源的共享与创新，推动教育教学事业的不断发展和进步。因此，建立健全的鼓励创新和分享的机制对于高校资源共享机制的实施至关重要。

# 第七章 高校教育体系国际化发展研究

## 第一节 国际化教育视角下的高校教育体系比较分析

### 一、美国高校教育体系分析

#### （一）广泛的专业选择

美国高校通常提供广泛的专业选择，涵盖了几乎所有领域，包括人文科学、社会科学、自然科学、工程技术等。学生可以根据自己的兴趣和职业目标选择适合的专业。此外，许多美国高校还鼓励学生进行跨学科的学习和研究，拓展知识面和视野。

#### （二）灵活的选修课程

美国高校通常采用开放式的选修课程制度，允许学生在主修专业课程之外选择一定数量的选修课程。这些选修课程涵盖了各种不同的主题和领域，可以帮助学生丰富知识，培养兴趣，拓展技能。

#### （三）强调实践和实验

美国高校注重实践教育，许多专业都设置了实习、实践或实验课程，以帮助学生将理论知识应用于实际工作中，并培养实际操作能力和解决问题的能力。这种实践教育的特点使得学生能够更好地适应职场需求。

### （四）开放的课程设置制度

在美国高校，学生通常可以根据自己的兴趣和学习计划自由选择课程，并且可以在不同学院或系所之间自由选课。这种开放的课程设置制度有助于学生在不同领域进行交叉学习，拓展知识广度和深度。

### （五）国际化的课程和教学内容

随着全球化的发展，越来越多的美国高校开始注重国际化课程和教学内容。许多高校提供了丰富的国际课程，涵盖了国际关系、国际商务、跨文化沟通等方面的内容，以培养学生的国际视野和跨文化交流能力。

## 二、英国高校教育体系分析

### （一）专业深度与学术传统

英国高校教育体系以其深厚的学术传统和专业深度而闻名。各大学在不同领域都有其专业优势，为学生提供了丰富的学术资源和深度学习的机会。英国高校通常注重学生的学术研究能力和批判性思维能力的培养，鼓励学生参与学术研究项目和独立研究。

### （二）学士学位专业化

英国高校的学士学位课程通常较为专业化，学生在入学时即须选择主修专业，并在该专业领域深入学习。相比之下，英国学生不像美国学生一样需要在前两年进行广泛的通识教育，而是直接进入所选专业的学习。

### （三）模块化教学和灵活选修

英国高校采用模块化教学制度，课程通常由若干个模块组成，每个模块通常包含特定主题或专题的学习内容。学生可以根据自己的兴趣和学习计划选择并组合不同的模块，形成个性化的学习路径，并有较大的灵活性进行选修。

### （四）重视实践与职业发展

尽管英国高校强调学术研究和理论学习，但也重视实践教育和职业发展。许多专业课程设置了实习、实践项目或工作实习课程，帮助学生将学术知识应用于实际工作中，并培养相关的职业技能和素养。

### （五）国际化教育和多元化

英国高校教育体系具有较强的国际化特色，吸引了大量来自世界各地的学生。许多英国高校提供了丰富多样的国际课程和跨文化交流活动，鼓励学生拓展国际视野和跨文化交流能力。同时，英国的高等教育机构也致力于在多元化方面取得进展，促进包容性教育和多元文化融合。

## 三、德国高校教育体系分析

### （一）免费或低学费的高等教育

德国的高等教育体系以其免费或低学费而著称，尤其是对于公立大学。这使得德国高等教育更加普惠，让更多的学生有机会接受高质量的教育，不会因为经济原因而受限。这种政策也吸引了许多国际学生来到德国留学。

### （二）实践导向和工作经验

德国的高校教育强调实践导向和工作经验。许多课程都包含实习或工作实践的要求，以便学生在学习过程中获得实际的职业经验，并为未来的职业发展做好准备。这种实践导向的教育有助于学生更好地适应职场需求。

### （三）学术与职业导向并重

德国的高校教育注重学术研究和理论学习，同时也十分重视职业导向的教育。许多专业课程结合了学术理论和实践技能的培养，旨在培养学生具备扎实的专业知识和实际应用能力。这种学术与职业导向并重的特点，使得德国高校毕业生在就业市场上具有竞争优势。

### （四）学科交叉和跨学科研究

德国高校教育倡导学科交叉和跨学科研究。许多高校设立了跨学科的研究中心和课程，鼓励学生跨学科学习和研究。这种跨学科的教育模式有助于培养学生的综合素质和创新能力，适应未来社会的复杂性和多样性。

### （五）强调国际化和多语言能力

德国的高校教育体系强调国际化和多语言能力的重要性。许多课程提供英语授课选项，吸引了大量国际学生。此外，德国高校还积极推动国际交流与合作，为学生提供丰富多样的国际交流和学习机会，培养他们具备全球视野和跨文化交流能力。

## 四、我国高校教育体系分析

### （一）丰富的学科设置与专业选择

我国的高校教育体系拥有丰富多样的学科设置和专业选择。从理工科到人文社科，再到医学、法学等领域，学生可以根据个人兴趣和职业规划选择适合的专业。这种丰富的学科设置为学生提供了广阔的学习空间和发展机会。

### （二）注重学术研究与实践应用

我国的高校教育注重学术研究与实践应用的结合。不仅要求学生掌握扎实的学术理论知识，还强调学生的实践能力和创新意识培养。许多高校积极开展科研项目和实践活动，鼓励学生参与科研实践，提升自己的综合素质。

### （三）倡导综合素质教育

我国的高校教育倡导综合素质教育，不仅注重学生的学术能力培养，还重视学生的思想道德素质、创新精神、团队合作能力等方面的培养。许多高校开设了通识教育课程和素质拓展活动，致力于培养学生的全面发展。

### （四）国际化办学与合作交流

近年来，我国高校积极推动国际化办学，加强与国际高校的合作交流。许多高校与国外知名院校建立了合作关系，开展学生交流、教师合作、科研合作等活动，促进了教育资源的共享和优势互补，提升了高校的国际影响力。

### （五）政策支持与改革创新

我国政府对高等教育的支持力度不断加大，出台了一系列政策措施，推动高校教育的改革创新。例如，实施高等教育"双一流"建设、加强本科教育质量监管、推动教育信息化等方面的政策措施，有力促进了高校教育体系的不断完善和提升。

# 第二节  国际化课程体系构建与实施

## 一、高校国际化课程体系的构建

### （一）课程设计与规划

构建高校国际化课程体系的第一步是进行课程设计与规划。这项任务要求对现有课程进行全面评估，仔细审视其内容、目标和教学方法，以确定哪些课程适合融入国际化课程体系，哪些需要进行更新和改进。在设计新课程时，必须以国际化的需求和标准为依据，注重培养学生的国际视野、跨文化交流能力以及全球意识。课程设计与规划的关键在于对现有课程进行全面评估。这包括对课程目标的审视，是否与国际化教育的要求相符；课程内容的评估，是否涵盖了国际化的视野和跨文化交流的内容；教学方法的审查，是否能够促进学生的跨文化沟通和合作能力的发展。通过这样的评估，可以明确哪些课程已经具备了国际化的特征，哪些需要进行改进或调整。

需要确定哪些课程适合融入国际化课程体系。这些课程应当能够为学生提供国际化视野、跨文化交流技能和全球意识。例如，在人文社科类课程中，可以增设国际政治、跨文化沟通等内容；在工程技术类课程中，可以加入国际标准、国际合作项目等元素。这些课程的设计要符合国际化的标准，体现多元文化的视角，培养学生的国际竞争力和跨文化交流能力。同时，需要对现有课程进行更新和改进。这可能涉及课程内容的调整、教学方法的改进以及教材的更新等方面。例如，可以通过引入国际案例分析、组织国际交流活动等方式，丰富课程内容，增强学生的国际化视野和跨文化交流能力。教学方法上也可以采用更多的互动式教学、小组讨论、实践项目等形式，促进学生的跨文化合作与交流。

设计新课程时必须注重国际化的需求和标准。这意味着要结合国际教育的最新发展趋势和要求，确保课程内容符合国际化的标准，强调培养学生的全球视野、跨文化交流能力和国际竞争力。同时，还需要注重课程的灵活性和多样性，以满足不同学生群体的需求和学习背景。构建高校国际化课程体系的第一步是进行课程设计与规划。这需要对现有课程进行全面评估，确定哪些课程适合国际化课程体系，哪些需要进行更新和改进。在设计新课程时，必须考虑国际化的需求和标准，强调国际视野、跨文化交流等方面的内容，以培养学生的全球意识和国际竞争力。

## （二）学科交叉与综合

促进学科交叉与综合性发展是构建国际化课程体系的重要目标之一。通过跨学科的课程设置和教学安排，可以为学生提供更广阔的学习领域，激发他们的创新思维和跨文化交流能力，培养解决跨领域问题的能力，从而更好地适应全球化社会的需求。跨学科的课程设置有助于打破学科壁垒，促进知识的交流与融合。传统的学科分隔容易导致知识的局限性和单一性，而跨学科课程则能够让学生接触到不同学科领域的知识和理论，拓宽他们的学术视野。例如，将社会学与经济学相结合，探讨全球化背景下的社会经济问题，可以让学生从多个角度去理解和分析复杂的社会现象。

跨学科的课程设置能够培养学生的综合性思维和解决问题的能力。现实世界的问题往往是跨学科的，需要综合运用多种学科知识来解决。通过跨学科课程的学习，学生可以学会整合不同学科的知识和方法，提升解决问题的综合性能力。比如，将生物学、环境科学和政策管理等学科融合在一起，探讨环境保护和可持续发展的方案，可以培养学生的综合性思维和团队合作能力。在全球化背景下，跨文化交流能力变得越来越重要。通过跨学科的课程学习，学生可以接触到不同文化背景下的知识和观念，增进对其他文化的理解和尊重。例如，将文化学、语言学和国际关系等学科融合在一起，探讨跨文化交流中的沟通挑战和解决方法，可以帮助学生更好地适应跨文化环境，提升国际竞争力。

促进学科交叉与综合性发展是构建国际化课程体系的重要任务之一。通过跨学科的课程设置和教学安排，可以打破学科壁垒，拓展学生的学术视野；培养学生的综合性思维和解决问题的能力；促进跨文化交流和理解，从而更好地满足全球化社会的需求，培养具有国际竞争力的人才。

### （三）多语言教学与文化融合

在构建高校国际化课程体系时，多语言教学与文化融合是至关重要的考虑因素之一。鉴于国际学生来自不同的文化背景，支持多语言教学并充分考虑到学生的学习需求和体验势在必行。通过这种教学方式的采用，不仅能够为学生提供更广泛的学习选择，而且可以促进跨文化交流与理解的发展。多语言教学有助于打破语言障碍，使学生更轻松地融入学习环境。在国际化课程体系中，提供多语言教学选项能够满足来自不同语言背景的学生的需求，让他们以自己熟悉的语言进行学习。这样一来，学生就能更好地理解课程内容，提高学习效率，同时也能更自信地表达自己的想法和观点。

通过学习不同语言的课程，学生不仅可以掌握语言技能，还能了解该语言所代表的文化背景和价值观。这样的教学方式有助于学生更深入地了解和尊重其他文化，增进跨文化交流和理解。例如，一门探讨中国文学的课程可以用中文进行教学，让学生既学习语言，又了解中国文化的精髓。此外，多语言教学还能够提升学生的就业竞争力。在全球化的背景下，掌握多种语言的能力已经成为职场上的重要竞争优势。通过多语言教学，学生可以在学习过程中不断提升自己的语言技能，增加自己的就业机会。尤其是在跨国公司或国际组织工作的环境中，能够流利地运用多种语言的能力将会大大提高个人的职业发展前景。

多语言教学与文化融合是构建高校国际化课程体系的重要组成部分。通过这种教学方式的采用，可以为学生提供更广泛的学习选择，促进跨文化交流与理解的发展，同时提升学生的就业竞争力。因此，高校应该在国际化课程体系中充分支持多语言教学，并根据学生的需求和背景提供相应的教学资源和支持。

### （四）国际合作与资源共享

在这个全球化的时代，高校与国外高校、教育机构建立合作关系，共享教学资源和课程内容，对于提升课程质量和国际化水平具有重要意义。通过与国外高校和教育机构的合作，高校可以了解到国外教育领域的最新发展趋势和创新实践。这些先进的教育理念和经验可以为高校的课程设计和教学方法提供宝贵的借鉴和启示，有助于提升课程的质量和教学效果。例如，合作开发国际化课程时，可以借鉴国外高校成功的案例和经验，结合本校的实际情况进行创新和改进。

国际合作可以丰富课程内容，满足学生的多样化学习需求。通过与国外高校的合作，高校可以引进丰富多样的课程资源，满足学生在不同学科领域的学习需求。这样一来，学生就有机会接触到更广泛的知识和学术领域，拓宽自己的学术视野，提升综合素质。例如，合作开设国际化课程时，可以邀请国外教授或学者来校授课，为学生提供国际一流的教学资源和学术体验。此外，国际合作还可以促进教师和学生之间的跨文化交流与合作。通过与国外高校的合作项目或交流活动，教师和学生可以与国外同行进行深入的学术交流和合作研究，增进相互之间的了解和友谊。这种跨文化交流与合作不仅可以促进学术研究的发展，还可以培养学生的国际视野和跨文化交流能力，提升其国际竞争力和全球意识。

国际合作与资源共享是构建国际化课程体系的重要策略，可以为高校提供国外先进的教育理念和课程设计经验，丰富课程内容，满足学生的多样化学习需求，促进教师和学生之间的跨文化交流与合作。因此，高校应积极开展国际合作，与国外高校建立长期稳定的合作关系，共同推动国际化课程体系的建设和发展。

## （五）质量评估与持续改进

构建国际化课程体系是一项复杂而长期的任务，而质量评估与持续改进则是确保这一过程顺利进行和取得成功的关键。高校在构建国际化课程体系时，必须建立健全的质量评估体系，通过定期评估课程内容、教学方法以及学生满意度等方面的表现，不断调整和改进课程设计和教学实践，以保持国际化课程体系的活力和竞争力。建立健全的质量评估体系是确保国际化课程体系持续发展的基础。这一体系应该包括多个方面的评估内容，如课程目标的达成情况、教学内容的更新与适应性、教学方法的有效性、学生学习体验和满意度等。通过这些评估，可以全面了解国际化课程体系的优势和不足之处，为后续的改进工作提供指导和依据。

定期对课程内容、教学方法和学生满意度进行评估是保持国际化课程体系活力和竞争力的关键。课程内容的评估可以帮助高校及时发现和更新过时的知识内容，引入最新的学术研究成果和发展趋势；教学方法的评估可以促进教师改进教学策略，提高教学效果和学生参与度；学生满意度的评估则可以了解学生对课程的反馈和需求，为课程设计和教学实践提供重要参考。持续改进是保持国际化课程体系活力和竞争力的关键。根据质量评估的结果，高校需要及时调整和改进课程设计和教学实践，不断提升课程的质量和水平。这包括更新课程内容、优化教学方法、加强师资队伍建设等方面的工作。只有通过持续的改进，高校国际化课程体系才能与时俱进，适应不断变化的教育需求和国际竞争环境。

质量评估与持续改进是确保高校国际化课程体系持续发展和保持竞争力的重要手段。通过建立健全的评估体系，定期评估课程内容、教学方法和学生满意度以及及时调整和改进课程设计和教学实践，可以保持国际化课程体系的活力和竞争力，为培养具有国际竞争力的人才提供坚实的基础。

# 二、高校国际化课程体系的实施

## （一）师资队伍建设

一个优秀的师资队伍能够为国际化课程的开展提供坚实的支撑和保障。高校在这方面的努力包括加强教师的国际化培训和交流，提升其跨文化教学能力和外语水平，同时还可以通过引进国外优秀教师和学者来丰富教学团队，提高国际化课程的教学质量和水平。高校可以组织教师参加国际性的教育会议、研讨会或培训项目，让他们了解国际教育的最新发展趋势和教学方法。此外，还可以鼓励教师参与国际学术交流活动或访学项目，提升其跨文化教学能力和外语沟通水平，为国际化课程的开展提供有力支持。

引进国外优秀教师和学者可以为高校的国际化课程提供丰富的教学资源和学术支持。通过与国外高校或教育机构建立合作关系，高校可以邀请国外优秀教师和学者来校讲学、合作研究或参与课程设计，为学生带来全球视野和前沿知识。这种国际化的师资团队不仅能够丰富课程内容，还可以为学生提供与国际接轨的学术体验，提高他们的国际竞争力。在教师培训和评价机制中，应该充分考虑教师的跨文化交流能力和外语沟通水平，鼓励他们参加相关的培训和考核。这样可以有效提升教师的跨文化教学能力，提高他们的国际化水平，为国际化课程的实施提供有力的保障。

师资队伍建设是实施国际化课程体系的重要保障。高校应该加强教师的国际化培训和交流，提升其跨文化教学能力和外语水平，同时可以引进国外优秀教师和学者，丰富教学团队，提高国际化课程的教学质量和水平。只有拥有一支高水平的师资队伍，高校国际化课程体系才能够得以顺利实施和持续发展。

## （二）教学设施与资源支持

高校需要投入资金，建设现代化的教学设施，提供多媒体教室、实验室等教学场所，以满足国际化课程的需求。同时，建设数字化教学资源平台也至关重要，以提供丰富多样的教学资源和学习工具，支持教学活动的开展。高校应该投入资金，建设符合国际标准的教室和实验室，配备先进的教学设备和技术设施。多媒体教室可以提供丰富的教学资源和多样的教学方式，能够满足不同学科领域的教学需求；实验室则能够为学生提供实践和探索的机会，培养他们的实践能力和创新意识。这样的教学设施能够为国际化课程的教学活动提供良好的场所和条件。

数字化教学资源平台可以集成各种教学资源，包括教学视频、电子书籍、网络课程等，为学生提供丰富多样的学习资料和学习工具。通过这样的平台，学生可以随时随地获取所需的教学资源，进行自主学习和探索。同时，教师也可以在平台上发布课程资料和作业任务，进行在线教学和学生互动，提高教学效率和教学质量。除了教学设施和资源外，高校还应该重视教学团队的建设和教学管理的优化。教学团队应该具备国际化的视野和教学经验，能够适应国际化课程的教学需求；教学管理则需要健全教学评估和质量监控机制，及时了解课程的教学效果和学生的反馈意见，进行课程调整和改进，保持国际化课程体系的活力和竞争力。

教学设施与资源支持是实施国际化课程体系的基础条件之一。高校需要建设现代化的教学设施，提供多媒体教室、实验室等教学场所，同时建设数字化教学资源平台，为教学活动提供丰富多样的教学资源和学习工具。只有如此，高校国际化课程体系才能够得以顺利实施和持续发展。

## （三）学生培养与服务

高校需要关注学生的培养和服务，通过开设国际化课程导向的培训项目和活动，提供跨文化交流和国际交流的机会，帮助学生适应国际化学习环境。同时，也应该加强学生服务，提供国际学生的入学指导、生活服务等支持，以确保他们能够顺利完成学业，融入校园生活。开设国际化课程导向的培训项目和活动对于学生的跨文化交流和国际交流至关重要。这些项目和活动可以包括国际交流课程、跨文化沟通训练、海外实习项目等，帮助学生了解和适应不同文化背景下的学习和工作环境。通过参与这些活动，学生不仅能够提升自己的国际视野和跨文化交流能力，还能够增强自信心和适应能力，为未来的国际交流和职业发展打下良好的基础。

高校需要为国际学生提供全方位的服务，包括入学指导、生活指导、心理咨询等方面。在入学指导方面，高校可以为国际学生提供专门的接机服务、住宿安排、学习计划制订等支持，帮助他们尽快适应新的学习和生活环境。在生活服务方面，高校可以提供校园生活指南、文化活动组织、社团交流等服务，为国际学生提供丰富多彩的校园生活体验，促进他们的学习和成长。此外，高校还应该注重国际学生的心理健康和安全保障。通过建立健全的心理咨询体系和安全管理机制，为国际学生提供心理健康咨询、安全保障等支持，保障他们的身心健康和安全。只有在学生培养与服务方面做好充分准备，高校国际化课程体系才能够真正做到全方位的支持，为学生的国际化学习之路提供有力的保障和支持。

## （四）评估与监督机制

高校应该建立健全的评估与监督机制，以确保国际化课程的顺利实施和持续改进。这包括定期对国际化课程的实施效果进行评估，收集学生和教师的反馈意见，及时调整和改进课程内容和教学方法。同时，还应加强对国际化课程的监督和管理，确保课程质量和教学水平的持续提升。高校可以通过学生满意度调查、教学质量评估等方式，收集学生和教师对国际化课程的反馈意见和建议。这些反馈意见可以帮助高校了解课程的优缺点，发现存在的问题和挑战，并及时调整和改进课程内容和教学方法，提升教学效果和学习体验。同时，还可以根据评估结果对教师进行培训和指导，提升其国际化教学能力，保证教学质量的持续提升。

高校应该建立健全的课程审核和监督机制，对国际化课程的设计、实施和评估进行全面监督和管理。这包括对课程设置、教学内容、教学方法、教学资源等方面进行审查和监督，确保课程符合国际化的要求和标准，保证教学质量的稳定提升。同时，还应该建立教学质量监控体系，定期进行课堂观摩和教学检查，对教师的教学活动进行评估和反馈，及时发现和解决存在的问题，提高教学水平和质量。评估与监督机制是确保国际化课程体系顺利实施和持续改进的重要保障。高校应该建立健全的评估和监督机制，定期对课程的实施效果进行评估，收集学生和教师的反馈意见，及时调整和改进课程内容和教学方法，加强对课程的监督和管理，确保教学质量和水平的持续提升。只有如此，高校的国际化课程体系才能够不断适应社会需求和学生需求，真正做到质量优异、水平提升。

## （五）社会认可与国际合作

高校应该努力获得社会的认可和支持，这可以通过加强与国内外企业、机构的合作来实现，提供实习和就业机会，从而增强国际化课程的社会影响力和竞争力。同时，也应该积极加强与国外高校和教育机构的合作交流，促进国际教育资源的共享和互惠合作，以推动国际化课程的不断发展和完善。高校可以与各类企业、行业机构建立合作关系，开展校企合作项目、实习实践基地建设等活动，为学生提供丰富多样的实践机会。这样一来，学生不仅可以在课堂上学到理论知识，还能够通过实践活动将所学知识应用到实际工作中，提升自己的实际操作能力和职业素养。同时，企业和机构也能够借助这些合作项目，获得高素质的人才和创新思维，促进自身发展和壮大。

加强与国外高校和教育机构的合作交流是推动国际化课程发展的重要途径。高校可以与国外高校签署合作协议，开展学生交流项目、联合研究项目等合作活动，共享教学资源和教学经验。通过这种合作交流，高校可以引进国外先进的教育理念和课程设计经验，丰富国际化课程的教学内容和形式，提升课程的质量和水平。同时，也能够为学生提供更广阔的国际视野和学术交流的平台，增强他们的国际竞争力和全球意识。社会认可与国际合作是推动国际化课程体系发展的重要支撑。高校应该加强与企业、机构的合作，提供实习和就业机会，增强课程的社会影响力和竞争力；同时，也应该积极开展与国外高校和教育机构的合作交流，促进国际教育资源的共享和互惠合作，以推动国际化课程的不断发展和完善。只有得到社会的认可和支持，加强国际合作，高校国际化课程体系才能够真正发挥其应有的作用，为培养具有国际视野和全球胸怀的优秀人才做出贡献。

# 第三节　国际交流与合作模式探索

## 一、高校国际交流与合作的价值

### （一）促进文化交流与理解

国际交流与合作为不同国家、文化背景的学生和教师提供了广阔的交流与合作平台。通过这样的交流与合作，人们能够更好地理解和尊重彼此的文化差异，增进友谊与合作，为构建一个和谐的国际社会做出积极贡献。在今日全球化的背景下，国际交流与合作已成为推动不同文化间相互理解和融合的重要方式。通过与来自不同国家和地区的同行进行交流与合作，人们有机会深入了解对方的文化传统、价值观念、社会习惯等，从而增进对彼此的认知和理解。这种文化交流和理解不仅能够促进友谊的建立，还能够减少文化误解和偏见，为不同文化间的和谐共存提供了基础。

国际交流与合作也为个人的成长和发展提供了宝贵的机会。通过与来自不同文化背景的人进行交流与合作，人们可以开阔自己的视野，拓展自己的思维，培养跨文化沟通和合作的能力。这种跨文化体验不仅能够丰富个人的生活经历，还能够提升个人的国际竞争力和全球视野，为个人的职业发展和成就打下坚实的基础。在教育领域，促进文化交流与理解也是教育国际化的重要目标之一。通过引进多元化的教学内容和教学方法以及开展国际合作项目和交流活动，学校可以为学生提供更广阔的学习平台，促进他们的跨文化交流和理解能力的培养。这样的教育环境不仅能够培养学生的全球意识和跨文化交流能力，还能够为他们的未来发展和成功奠定坚实的基础。

促进文化交流与理解是国际交流与合作的重要价值之一。通过与来自不同文化背景的人进行交流与合作，人们能够增进对彼此的了解和尊重，促进友谊的建立，为构建和谐的国际社会做出积极贡献。只有通过不断的文化交流与理解，才能够实现人类社会的和平与繁荣。

## （二）拓宽学术视野，提升学术水平

通过与国际学术界的交流与合作，高校能够获取国际前沿的学术成果和最新的教学方法，有助于提升教师和学生的学术水平和专业素养。同时，也可以激发创新思维，拓宽学术视野，培养具有国际竞争力的高素质人才。国际交流与合作为高校提供了获取国际前沿学术成果和最新教学方法的重要途径。通过与国外高校、研究机构的交流与合作，高校可以分享国际顶尖学者的研究成果和教学经验，了解国际学术界的最新动态和发展趋势。这种学术交流与合作不仅能够丰富高校的教学资源和学术资源，还能够提升教师的教学水平和学生的学习体验，促进教学质量的提升。

国际交流与合作也有助于激发创新思维，拓宽学术视野。通过与国际学术界的交流与合作，教师和学生能够接触到不同文化背景和学术传统的学术观点和方法，从而拓展自己的学术视野，了解和掌握多种学术思维方式和方法论。这种学术交流与合作有助于激发创新思维，促进学术思想的交流与碰撞，为学术研究和教学实践注入新的活力和动力。国际交流与合作也为高校培养具有国际竞争力的高素质人才提供了重要保障。通过与国际学术界的交流与合作，高校可以培养具有国际视野和全球胸怀的人才，提升他们的国际竞争力和全球视野。这种国际化的教育环境能够帮助学生了解和适应国际化的工作和生活环境，为他们未来的职业发展和成就打下坚实的基础。

国际交流与合作为高校提供了获取国际前沿学术成果和最新教学方法的重要途径。通过与国际学术界的交流与合作，不仅能够提升教师和学生的学术水平和专业素养，还能够激发创新思维，拓宽学术视野，培养具有国际竞争力的高素质人才。只有不断地推动国际交流与合作，才能够实现高校教育的国际化和全球化目标。

## （三）促进科研合作与成果转化

国际交流与合作为高校提供了与国外高校、研究机构开展科研合作的机会，共同开展科研项目，分享科研资源，加速科研成果的转化和应用，推动科技创新与进步。通过与国外高校、研究机构的合作，高校可以利用国外先进的实验设备、研究平台和科研资源，拓展科研合作的广度和深度，促进科研项目的开展。这种国际合作不仅能够提高科研项目的效率和质量，还能够为科研成果的转化和应用提供更有力的支持。

通过与国外高校、研究机构的合作，高校可以将科研成果转化为实际应用，推动科技创新与进步。国际合作能够为科研成果的转化和应用提供更广阔的市场和机遇，促进科研成果的产业化和商业化，为社会经济的发展和进步做出更大的贡献。国际科研合作还能够促进科研人员之间的学术交流与合作。通过与国外科研人员的合作，高校可以了解国外先进的科研理念和方法，拓宽自己的学术视野，提高科研水平和创新能力。这种学术交流与合作不仅能够促进科研项目的进展和成果的转化，还能够为科研人员的个人成长和发展提供重要支持。

国际交流与合作有利于促进科研合作与成果转化。通过与国外高校、研究机构的合作，高校可以共同开展科研项目，分享科研资源，加速科研成果的转化和应用，推动科技创新与进步。只有不断地推动国际科研合作，才能够实现科研成果的最大化和社会效益的最大化。

## （四）提升学校国际影响力与竞争力

通过与国际知名高校的合作项目，高校可以提升自身的声誉和地位，在国际教育领域拥有更多的话语权和影响力。与国际知名高校的合作能够为高校提供更广阔的发展平台。与国际知名高校的合作项目通常涉及教学、科研、人才培养等多个领域，通过与这些高水平的合作伙伴开展合作项目，高校可以借助其雄厚的学术实力和声誉，提升自身的学术水平和教学质量，增强自身的国际影响力和竞争力。

国际合作项目有助于拓展高校的国际合作网络，增强其在国际教育领域的影响力和竞争力。通过与国际知名高校的合作，高校可以扩大自身的国际影响力，吸引更多的国际学生和学者来校学习和交流，提升自身的国际化水平和国际竞争力。同时，还可以促进与国际高校之间的交流与合作，拓展合作领域和方式，共同推动国际教育事业的发展。与国际知名高校的合作还有助于提升高校的学术声誉和地位。国际知名高校通常拥有雄厚的师资力量和丰富的教学资源，与之合作可以为高校提供更多的学术资源和交流平台，提升高校的学术声誉和地位，在国际学术界拥有更多的话语权和影响力。

积极参与国际交流与合作是提升学校国际影响力与竞争力的重要途径。通过与国际知名高校的合作项目，高校可以提升自身的声誉和地位，在国际教育领域拥有更多的话语权和影响力。只有不断地加强国际交流与合作，才能够实现高校国际化发展的目标，提升学校的国际影响力和竞争力。

## 二、高校国际交流与合作的途径

### （一）学生交流与留学项目

通过参与学生交流项目，学生们能够结识来自不同国家和地区的同龄人，了解他们的文化背景、生活习惯和学习方式，促进了文化交流和友谊的建立。这种跨文化交流不仅能够丰富学生的学习生活，还能够拓展他们的人际关系网，为他们未来的职业发展和人生规划打下良好的基础。学生交流项目有助于提升学生的语言能力和跨文化交流能力。在国外学习生活，学生们需要使用外语进行日常交流和学习，这有助于提升他们的语言能力和沟通能力。同时，学生们还需要适应不同的文化环境和学习方式，培养跨文化交流和合作的能力，这对于他们未来在国际化的职场中具备竞争力至关重要。

交流项目也为学生提供了开阔视野的机会，增强了他们的国际视野和全球意识。通过亲身体验不同国家和地区的教育体系和文化环境，学生们能够更好地了解世界各地的发展状况和文化特点，拓展了他们的国际视野，增强了他们的全球意识。这种全球化的教育经历不仅有助于培养学生的国际竞争力，还能够为他们未来的职业发展和社会责任感提供重要支持。开展学生交流与留学项目是促进国际交流与合作的重要途径之一。这些项目不仅丰富了学生的学习经历，拓宽了他们的国际视野，还增强了他们的跨文化交流能力，为他们未来的职业发展和人生规划打下了坚实的基础。只有不断地推动学生交流与留学项目，才能够促进国际交流与合作的深入发展，为建设一个和谐、包容的国际社会做出更大的贡献。

## （二）教师交流与访学项目

通过到国外高校进行访学和交流，教师们可以接触到国外先进的教学理念、教学方法和教学资源，了解国外高校的教学管理体系和教学评估机制，进一步提升自己的教学水平和专业素养。这种国际化的教育体验不仅能够为教师提供新的教学思路和方法，还能够激发他们的教学热情和创新能力，促进教育教学质量的提升。

教师交流与访学项目有助于促进教师之间的学术交流与合作。通过与国外高校的交流与合作，教师们可以结识国外优秀的学者和教育专家，参与国际学术会议和研讨会，开展学术合作项目和研究课题，共同探讨教育教学的前沿问题，促进学术研究和教学创新。这种学术交流与合作不仅能够丰富教师们的学术经验和研究成果，还能够拓展他们的学术视野和国际影响力，提升高校的学术声誉和地位。教师交流与访学项目还有助于促进高校之间的合作与交流。通过教师之间的交流与合作，高校可以分享教学资源和教学经验，共同探讨教育教学的改革与创新，开展教育科研项目和教学改进活动，促进高校之间的合作与共赢，推动教育事业的发展与进步。

教师交流与访学项目是促进高校国际交流与合作的重要举措。这些项目不仅有助于教师提升教学水平和专业素养，促进教师之间的学术交流与合作，还有助于促进高校之间的合作与交流，推动教育事业的发展与进步。只有不断地推动教师交流与访学项目，才能够促进高校的国际化发展，提升高校的学术声誉和竞争力。

### （三）科研合作与项目申请

通过与国外高校或研究机构共同申请科研项目，高校能够开展科研合作，分享科研资源，共同攻克科研难题，推动科研成果的转化与应用。通过与国外高校或研究机构共同申请科研项目，高校可以整合国内外的科研资源和优势，共同攻克科研难题，提升科研水平和创新能力。这种国际合作不仅能够促进科研成果的产出和转化，还能够为高校带来更多的国际科研合作机会，拓展国际合作网络，提升国际影响力和竞争力。

科研合作项目有助于促进科研成果的转化与应用。通过与国外高校或研究机构共同开展科研合作项目，高校可以获得国际前沿的科研成果和技术资源，加速科研成果的转化和应用。同时，还可以借助国外合作伙伴的技术和市场优势，拓展科研成果的应用领域和市场空间，推动科研成果的产业化和商业化，促进科技创新与进步。通过与国外高校或研究机构的合作，高校可以接触到国际前沿的科研理念和方法，了解国外科研机构的科研管理和科研评价机制，提升自身的科研水平和创新能力。这种国际化的科研合作不仅能够丰富高校的科研资源和合作渠道，还能够促进高校科研团队的国际化建设，提升高校的科研实力和竞争力。

积极开展科研合作与项目申请是促进国际交流与合作的重要途径之一。只有不断地加强科研合作与项目申请，才能够实现高校科研水平和国际影响力的提升，为科技创新和社会发展做出更大的贡献。

### （四）国际会议与学术交流

国际会议与学术交流是当今高校促进国际交流与合作的重要途径。在全球化的背景下，高校应积极组织教师和学生参加国际性的学术会议和交流活动，以展示学校的教学科研成果，促进与国外同行的深入学术交流与合作。这一过程不仅有助于高校提升国际影响力，还能推动学术界的发展和创新。国际会议为高校教师和学生提供了展示研究成果和学术成就的平台。通过在国际会议上展示研究成果，高校可以吸引更多国际同行的关注和认可，提升学校在国际学术界的声誉和地位。同时，学生也有机会与国际同龄人交流学术观点，拓宽学术视野，培养国际化的思维和竞争意识。

国际会议为高校教师和学生提供了与国外同行进行深入学术交流与合作的机会。在国际会议上，教师和学生可以与来自不同国家和地区的学者进行面对面的交流，分享研究经验，探讨学术问题，寻求合作机会。这种交流不仅有助于促进学术界的跨国合作与交流，还能加强国家间的友好关系，促进世界各国的共同发展。参加国际会议还能为高校教师和学生提供学术创新和发展的动力。通过与国际同行的交流，教师和学生可以了解最新的学术动态和研究方向，激发研究兴趣，拓展研究思路，促进学术创新和突破。同时，与国外同行的合作也能为高校带来更多的学术资源和支持，推动学术研究的深入发展。

国际会议与学术交流对于促进高校国际交流与合作具有重要意义。高校应充分利用这一平台，组织教师和学生参加国际性的学术会议和交流活动，展示学校的教学科研成果，与国外同行进行深入的学术交流与合作，共同推动学术界的发展和创新，为促进世界各国的共同繁荣与进步作出贡献。

## （五）建立国际合作交流平台

在当今全球化的时代背景下，建立国际合作交流平台是高校推动国际化发展的关键举措。这样的平台为学生和教师提供了更广泛、更便捷的国际交流与合作机会，不仅可以促进学术交流，还有助于拓展学校的国际影响力和合作网络。在这个过程中，国际化教育网站和在线学术社区等平台扮演着重要角色，为学校内外的师生搭建了交流与合作的桥梁。通过国际化教育网站，学校可以发布国际交流项目信息、学术合作机会等内容，吸引更多国际学生和教师的关注，拓展学校的国际合作网络。同时，在线学术社区则为学术界的国际交流提供了便捷的平台，教师和学生可以在这里分享研究成果、讨论学术问题，与国际同行展开深入交流与合作。

国际合作交流平台为学校内外师生提供了便捷的交流渠道和合作平台。通过国际化教育网站，学生可以了解到海外留学、交换项目等国际交流机会，教师可以获取国际学术会议、讲座等学术交流信息，为学校师生提供了更多的国际化学习和研究机会。同时，在线学术社区则为师生提供了在线讨论、合作研究的平台，打破了地域限制，促进了学术界的跨国交流与合作。通过这样的平台，学生可以与来自不同国家和地区的同龄人进行学术交流，拓宽学术视野，培养创新思维和竞争意识。同时，教师也可以借助这样的平台与国际同行分享研究成果、探讨学术问题，促进学术创新和突破，推动学术界的发展。

建立国际合作交流平台对于高校推动国际化发展具有重要意义。国际化教育网站和在线学术社区等平台为学校内外的师生提供了便捷的交流渠道和合作平台，促进了学术交流与合作，推动了学校的国际化进程。高校应充分利用这样的平台，加强与国际的合作与交流，不断提升学校的国际影响力和竞争力，为培养具有国际视野和创新能力的优秀人才做出积极贡献。

# 第四节　留学生管理与国际学术交流平台建设

## 一、高校留学生管理

高校留学生管理是提升国际化水平、促进国际交流与合作的重要组成部分。留学生作为学校的重要资源和国际形象的窗口，其管理涉及学生生活、学习、安全等方方面面。为了更好地管理留学生，高校应该从以下几个方面入手。

### （一）招生与招待机制的优化

高校在面向留学生的招生与招待机制优化方面扮演着关键角色。通过制定更为灵活和包容的留学生招生政策，加强宣传推广以及建立完善的接待机制，高校能够吸引更多优秀的留学生来校学习，同时为他们提供必要的生活和学习指导。这一系列举措旨在构建一个更加开放、多元化和包容的国际化教育环境。高校可以通过制定灵活多样的留学生招生政策来吸引更多优秀的留学生。这包括根据不同国家和地区的特点和需求，调整招生标准和要求，以确保更多留学生有机会进入高校学习。例如，可以针对一些发展中国家的学生提供更多的奖学金和资助机会，降低他们的经济门槛。同时，还可以开设更多以英语为教学语言的课程，满足不同留学生的语言需求，提高他们的学习体验。

高校可以通过各种渠道，如海外留学教育展会、社交媒体平台、学校官方网站等，向全球范围内的潜在留学生展示学校的优势和特色。这包括学校的教学质量、师资力量、校园环境、学科设置等方面的优势。同时，还可以邀请一些知名的留学生或校友来校讲学或分享经验，增强学校的知名度和吸引力。另外，留学生抵校后的接待机制也至关重要。高校应建立完善的接待体系，为留学生提供必要的生活和学习指导。这包括提供住宿安排、签证办理、医疗保健、文化适应等方面的支持和指导。此外，高校还可以成立留学生服务中心或国际学生办公室，为留学生提供专门的服务和支持，解决他们在学习和生活中遇到的各种问题和困难。

优化高校的招生与招待机制对于提升留学生的数量和质量具有重要意义。通过灵活多样的招生政策、加强宣传推广以及建立完善的接待机制，高校可以吸引更多优秀的留学生来校学习，并为他们提供必要的支持和指导，促进国际化教育的发展和进步。

## （二）留学生服务体系的建设

留学生服务体系的建设是高校国际化发展中的一项重要任务。这一体系不仅涉及留学生的日常生活，还直接关系到他们的学习体验和情感归属感。为此，高校需要建立健全的留学生服务体系，包括宿舍管理、医疗保健、文化活动等方面，以确保留学生在校期间的生活质量，提高他们的满意度和归属感。高校应该提供舒适、安全、便利的住宿条件，确保留学生的居住环境达到一定的标准。这包括定期对宿舍设施进行维护和更新，解决留学生在住宿过程中遇到的各种问题和困难。同时，还应建立健全的宿舍管理制度，加强对留学生的管理和服务，提高他们的居住质量和安全感。

高校应提供全面的医疗保健服务，包括健康检查、医疗保险、紧急救助等方面的支持和保障。同时，还应加强对留学生健康教育和预防保健的宣传和指导，提高他们的健康意识和自我保健能力。此外，高校还应建立与当地医疗机构的合作机制，为留学生提供及时有效的医疗服务。高校应该丰富多样地开展文化活动，包括文艺演出、体育比赛、文化交流等，为留学生提供丰富多彩的课余生活。这不仅能够满足留学生的文化需求，还能促进他们的交流和融入，增强他们的归属感和自豪感。同时，还可以通过文化活动向留学生介绍中国的传统文化和现代发展，增进他们对中国的了解和认同。

建立健全的留学生服务体系对于提高留学生的生活质量和满意度具有重要意义。高校应该加强宿舍管理、医疗保健、文化活动等方面的服务和支持，为留学生提供舒适安全的生活环境和丰富多彩的文化生活，从而增强他们的归属感和融入感，推动国际化教育的发展和进步。

### （三）留学生教育管理的加强

留学生教育管理的加强是高校国际化教育管理中至关重要的一环。通过针对留学生的课程选修指导、学术诚信教育、文化交流等方面的管理，可以帮助留学生更好地适应学习环境，提高学习成绩和科研能力，从而增强他们的学术竞争力和综合素质。高校应为留学生提供针对性的课程选修指导，帮助他们根据自身专业背景和学习需求，合理安排课程，制订学习计划。这包括向留学生介绍学校的课程设置和教学资源，解答他们在选课过程中的疑问和困惑，提供必要的学术指导和支持，确保他们能够顺利完成学业。

高校应该加强对留学生的学术诚信教育，教育他们树立正确的学术道德观念，强调诚信学习和知识创新的重要性。这包括向留学生介绍学术规范和学术诚信制度，加强对学术抄袭、作弊等行为的监督和管理，提高留学生的学术素养和自律意识，培养他们独立思考和创新能力。另外，文化交流也是留学生教育管理中不可或缺的一环。高校应该为留学生提供丰富多彩的文化交流活动，促进留学生与本地学生和社会的交流与互动。这不仅可以增进留学生对中国文化的了解和认同，还能拓展他们的视野和交际圈子，促进跨文化交流与合作，提高他们的综合素质和国际视野。

加强对留学生的教育管理对于提高留学生的学习成绩和科研能力具有重要意义。高校应该重视课程选修指导、学术诚信教育和文化交流等方面的管理工作，为留学生提供良好的学习和生活环境，培养他们的学术素养和综合能力，促进国际化教育的发展和进步。

## （四）留学生安全保障机制的建立

留学生安全保障机制的建立是高校国际化发展中至关重要的一项任务。通过建立健全的安全教育、安全管理和应急处置机制，可以有效地确保留学生在校期间的人身安全和财产安全，提高他们的安全感和幸福感。高校应该向留学生提供全面系统的安全教育，包括交通安全、食品安全、防火防盗等方面的知识和技能培训。这包括组织安全知识讲座、举办安全演练、制作安全宣传资料等，提高留学生的安全意识和自我保护能力。同时，还应该加强对留学生的心理健康教育，帮助他们应对文化冲击和心理压力，保持良好的心态和情绪。

高校应建立健全的安全管理制度和机制，加强对留学生的日常管理和监督。这包括加强对留学生宿舍、校园和周边环境的巡查和保卫，加强对留学生活动的监控和管控，及时发现和解决安全隐患，确保留学生的人身安全和财产安全。另外，应急处置是留学生安全保障机制中的重要环节。高校应建立健全的应急处置机制，包括建立紧急联系方式、组织紧急演练、培训应急救援队伍等，以应对突发事件和紧急情况。同时，还应加强与当地政府、公安机关、医疗机构等相关部门的合作与沟通，共同应对突发事件，保障留学生的生命安全和身体健康。

建立健全的留学生安全保障机制对于保障留学生的人身安全和财产安全具有重要意义。高校应加强安全教育、安全管理和应急处置等方面的工作，为留学生提供安全可靠的学习和生活环境，促进国际化教育的健康发展和留学生的全面成长。

## （五）文化交流与融合

文化交流与融合是当今全球化时代的重要课题，而在教育领域，特别是在大学校园里，促进不同文化间的交流与融合更是至关重要。积极组织丰富多彩的文化交流活动，不仅可以拉近留学生与本地学生以及其他国际学生之间的距离，还能够促进相互之间的理解和友谊，为建立一个包容、多元的校园环境做出积极贡献。

留学生可以通过展示自己国家的传统服饰、舞蹈、音乐等形式，向本地学生介绍自己的文化。而本地学生也可以借此机会分享本地的传统文化，让其他国际学生更加了解当地的风土人情。通过这种互相展示的方式，不仅可以增进学生们对各自文化的认知，还能够激发他们对跨文化交流的兴趣，促进跨文化交流与融合的进程。文化交流活动有助于打破文化隔阂，促进跨文化之间的相互理解。在大学校园里，不同文化背景的学生们可能因为语言、习惯等方面的差异而产生隔阂。然而，通过参与各种文化交流活动，学生们有机会深入了解彼此的文化，逐渐消除误解和偏见。例如，举办国际美食节可以让学生们品尝来自世界各地的美食，增进对不同国家饮食文化的了解和尊重。同时，举办国际文化展览可以让学生们了解到其他国家的历史、艺术等方面的特色，促进跨文化交流和融合。

在参与这些活动的过程中，学生们不仅可以学习到如何与不同文化背景的人合作，还可以提高自己的跨文化沟通能力。他们需要学会尊重他人的文化差异，包容不同的观点和习惯，从而更好地融入国际化的学习和生活环境中去。这些跨文化交流的技能对于他们未来的职业发展和国际交往都是非常宝贵的。积极组织丰富多彩的文化交流活动对于促进留学生与本地学生以及其他国际学生之间的交流与融合具有重要意义。通过这些活动，学生们可以更加深入地了解彼此的文化，增进相互之间的理解和友谊，同时也培养了他们的跨文化交流能力，为建立一个包容、多元的校园环境做出了积极贡献。

高校留学生管理的不断完善，不仅能够提高留学生的学习体验和生活质量，还可以加强学校间的交流合作，提升学校的国际化水平和影响力。

## 二、国际学术交流平台建设

国际学术交流平台的建设是推动学术界跨国合作与交流的重要手段，有助于促进学术创新和知识共享。为了构建一个有效的国际学术交流平台，高校可以采取以下几个措施。

## （一）建立学术资源共享平台

建立开放共享的学术资源平台是推动国际学术交流与合作的重要举措。在当今信息时代，学术界面临着巨大的挑战和机遇，建立这样一个平台可以有效促进学术资源的流通和共享，为全球学术研究提供更加便利的条件。在过去，学者们往往受限于地域和机构的订阅范围，无法获得全球范围内的最新研究成果。然而，通过建立开放共享的学术资源平台，可以将各种学术期刊、论文数据库等资源整合到一个统一的平台上，为研究人员提供更广泛的文献检索和获取渠道，有利于他们开展前沿研究，促进学术交流与合作。

在科研过程中，许多研究工具和设备需要高昂的投资和专业的维护，但是它们往往在某些时段或者某些地区闲置，资源利用效率较低。通过建立开放共享的平台，可以将这些工具和设备进行统一管理和共享，使其能够更加充分地被利用，降低科研成本，促进研究的开展和进步。学术资源共享平台还可以促进国际学术交流与合作。在这个平台上，不同国家、不同地区的学者可以共享自己的研究成果、资源和经验，进行跨国界的学术合作。这有助于打破地域和国界的限制，促进学术界的交流与合作，推动世界各地的学术研究水平提高，实现共同发展。

建立学术资源共享平台有助于促进科研成果的公开与透明。在这个平台上，学者们可以分享自己的研究数据、实验方法和结果，使科研过程更加透明化和规范化，提高研究的可重复性和可信度。这有利于加强学术界的自我监督和规范化管理，提升科研成果的质量和影响力。建立开放共享的学术资源平台对于促进国际学术交流与合作具有重要意义。这样一个平台可以拓展学术文献的获取渠道，提升研究工具和设备的利用率，促进国际学术交流与合作，同时也有助于促进科研成果的公开与透明，推动学术界的发展和进步。因此，建立学术资源共享平台是当今学术界亟须关注和积极推动的一项重要举措。

## （二）组织国际学术会议和论坛

组织国际性的学术会议和论坛是促进学术界跨国合作与交流的重要途径。

在当今日益全球化的背景下，学术界的合作与交流已经成为推动科学研究和学术进步的关键因素之一。通过定期举办这样的活动，不仅可以为学者们提供一个展示研究成果、分享学术观点的平台，还可以促进跨国界的学术交流，加深对不同文化背景下学术研究的理解和认识，国际学术会议和论坛为学者们提供了一个展示研究成果的重要机会。在这些活动中，学者们可以通过口头报告、海报展示等形式，向来自世界各地的同行介绍自己的研究成果和最新进展。这不仅有助于学者们获取反馈和建议，提升研究的质量和水平，还可以促进学术界内部的交流与合作，推动学术研究的发展和进步。

国际学术会议和论坛可以促进不同文化背景下学术界的跨国交流与合作。在这些活动中，来自不同国家和地区的学者们可以聚集在一起，分享各自的研究成果和学术观点，展开深入的学术讨论和交流。通过这样的交流与合作，学者们可以加深对其他文化背景下学术研究的理解和认识，拓宽自己的学术视野，促进国际学术合作的深入发展。国际学术会议和论坛还可以为学者们提供一个建立人脉和合作关系的平台。在这些活动中，学者们有机会与来自世界各地的同行进行面对面的交流和互动，建立起长期的合作关系和合作网络。这有助于促进学术界内部的合作与交流，推动学术研究的国际化和专业化发展。

国际学术会议和论坛可以促进学术界的知识创新和学术进步。通过这些活动，学者们可以了解到最新的研究成果和学术动态，掌握前沿的研究方法和技术，拓展自己的研究领域和方向，推动学术研究的不断创新和进步。组织国际性的学术会议和论坛对于促进学术界的跨国合作与交流具有重要意义。这样的活动不仅可以为学者们提供一个展示研究成果、交流学术观点的平台，还可以促进不同文化背景下学术界的跨国交流与合作，推动学术研究的发展和进步。因此，应该进一步加强对这样的活动的组织和支持，为学术界的国际合作和学术交流创造更加有利的条件。

## （三）建立国际合作研究中心

建立国际合作研究中心是推动学术创新和成果转化的关键举措。在当今科技发展迅速、知识交流日益频繁的时代背景下，国际合作研究中心的建立不仅可以为各国科研机构提供一个共同合作的平台，更有助于汇聚全球智慧、共同攻克科学难题、推动科技创新。建立国际合作研究中心有利于整合全球科研资源，共同开展前沿科研项目。在现今科学研究的领域中，很多科研问题已经超出了单一国家或地区的范围，需要全球合作来解决。通过与国外高校或研究机构合作建立国际合作研究中心，可以将来自各个国家的顶尖科研人才、先进科研设备以及丰富的科研经验整合起来，共同攻克科学难题，推动科技创新。

国际合作研究中心有助于促进学术成果的转化和应用。在这样一个国际化的合作平台上，科研人员可以不仅停留在理论探讨的层面，更能够将研究成果转化为实际应用，为社会经济发展做出贡献。例如，通过与国外企业合作，将科研成果转化为实际的产品和技术，推动科技创新与产业升级，促进经济发展。建立国际合作研究中心还有助于加强国际科技交流与合作。在这个平台上，来自不同国家和地区的科研人员可以进行深入的学术交流与合作，共同探讨科学问题，交流科研经验，拓宽学术视野。通过这样的交流与合作，可以促进全球科研人员之间的相互理解与友谊，推动全球科技创新与发展。

国际合作研究中心的建立有助于提升本国科研机构的国际影响力和竞争力。通过与国外高校或研究机构的合作，本国科研机构可以吸收国际先进科研理念和管理经验，提升自身的科研水平和创新能力，增强在国际科研领域的话语权和影响力。建立国际合作研究中心是推动学术创新和成果转化的重要举措。这样的中心可以整合全球科研资源，共同开展前沿科研项目，促进学术成果的转化和应用，加强国际科技交流与合作，提升本国科研机构的国际影响力和竞争力。因此，应该进一步加强对这个中心的建设和支持，为科技创新和学术发展搭建更加广阔的国际合作平台。

## （四）加强学术交流合作网络建设

加强学术交流合作网络建设是推动学术界国际合作与交流的关键措施。在当今全球化的时代，学术交流与合作已成为促进科研发展和知识创新的重要手段之一。通过积极拓展国际学术交流合作网络，与国外高校、科研机构建立合作关系，开展联合培养、学术交流等活动，可以促进跨国界的学术交流与合作，推动全球科研水平的提升和学术成果的共享。

通过与国外高校建立合作关系，可以引进国外优秀教学资源和先进教学理念，丰富本国高校的教学内容和教学方法，提高教育教学质量。同时，开展联合培养项目，促进学生跨国界的学术交流与合作，培养具有国际视野和跨文化交流能力的高层次人才，推动高等教育国际化进程。在国际合作的学术交流平台上，科研人员可以与国外同行展开深入的学术交流与合作，共同攻克科学难题，开展前沿科研项目。通过这样的合作，可以将各国科研机构的优势资源充分整合起来，推动科研成果的共享与应用，加快科技创新与产业升级的步伐。

此外，加强学术交流合作网络建设有助于提升本国科研机构的国际影响力和竞争力。通过与国外高水平科研机构的合作，本国科研机构可以吸收国际先进科研理念和管理经验，提升科研水平和创新能力，增强在国际学术界的话语权和影响力。同时，积极参与国际学术交流与合作活动，可以提升本国科研人员的学术声誉和国际视野，推动科研机构的国际化发展。通过在国际合作的学术交流平台上开展各种形式的学术交流活动，可以增进各国科研人员之间的相互了解与信任，促进跨国界的学术合作与交流。这有助于消除文化隔阂和误解，促进世界各国之间的友好合作关系，推动构建人类命运共同体。

加强学术交流合作网络建设对于推动学术界的国际合作与交流具有重要意义。通过与国外高校、科研机构建立合作关系，开展联合培养、学术交流等活动，可以促进学术界的国际化发展，推动科研成果的共享与合作，提升本国科研机构的国际影响力和竞争力，促进世界各国之间的相互理解与友谊。因此，应该进一步加强对学术交流合作网络建设的支持和推动，为促进全球科研合作与学术交流搭建更加广阔的平台。

## （五）推动学术成果国际化

推动学术成果的国际化是现代学术界的重要趋势之一，通过加强学术成果的国际传播和合作交流，学术界能够更好地促进知识的共享和创新，提高学校的国际学术影响力。积极参与国际学术期刊、会议是实现这一目标的关键手段。学术期刊是学者们展示研究成果、分享学术观点的重要平台，而国际学术期刊则是学术交流和合作的主要窗口之一。通过积极将研究成果发表在国际学术期刊上，学校可以使自己的学术成果获得更广泛的关注和认可，提高学校的国际学术影响力。

国际学术会议是学者们展示研究成果、交流学术观点、拓展学术网络的重要平台，也是学术界开展国际合作与交流的主要场所之一。通过积极参与国际学术会议，学校可以与来自世界各地的学者们进行面对面的学术交流与合作，拓展国际学术合作网络，提高学校在国际学术界的知名度和影响力。通过与国外高校和科研机构建立合作关系，学校可以共享对方的研究资源和学术经验，开展合作研究项目，共同攻克科学难题，提高学术成果的国际影响力。这种合作交流不仅有助于促进学术成果的国际传播，还可以推动科研成果的共享与合作，促进全球科技创新与发展。

加强学术成果的国际化还需要学校制定相应的政策和措施，为学者们提供更多的支持和激励。学校可以通过建立奖励机制、提供经费支持、设立国际交流基金等方式，鼓励学者们积极参与国际学术交流与合作，推动学术成果的国际化进程。推动学术成果的国际化是提高学校国际学术影响力的重要途径之一。通过加强学术成果的国际传播和合作交流，学校可以提高自身的国际学术影响力，促进学术成果的共享与创新，推动全球科技创新与发展。因此，学校应该制定相应的政策和措施，积极参与国际学术期刊、会议，加强与国外高校和科研机构的合作交流，推动学术成果的国际化进程，提高学校的国际学术地位和影响力。

# 参考文献

［1］ 胡姣，彭红超，祝智庭．教育数字化转型的现实困境与突破路径［J］．现代远程教育研究，2022（5）：72-81.

［2］ 刘三女，郝晓晗，李卿．教育数字化转型的中国道路［J］．中国电化教育，2023（1）：52-61.

［3］ 李铭，韩锡斌，李梦，等．高等教育教学数字化转型的愿景、挑战与对策［J］．中国电化教育，2022（7）：23-30.

［4］ 崔宇路，张誉元，张海．数字化转型下的教育数据成熟度模型研究［J］．现代教育技术，2023（11）：19-28.

［5］ 万力勇，范福兰．教育数字化转型成熟度模型的构建与应用［J］．远程教育杂志，2023（2）：3-12.

［6］ 祝智庭，孙梦，袁莉．让理念照进现实：教育数字化转型框架设计及成熟度模型构建［J］．现代远程教育研究，2022（6）：3-11.

［7］ 杨欣．教育数字化转型的算法机遇、挑战与调适［J］．高等教育研究，2022（2）：13-22.

［8］ 世界慕课与在线教育联盟秘书处．世界高等教育数字化发展指数构建——《无限的可能：世界高等教育数字化发展报告》节选六［J］．中国教育信息化．2023（1）：61-72.

［9］ 郭丛斌，郝晓伟．国家高等教育管理模式对大学排名的影响：基于THE、QS 和 US News 世界大学排名的实证研究［J］．高等教育研究，2020，41（2）：99-109.

［10］ 甘永涛．从新公共管理到多中心治理兼容与超越西方国家高等教育管理改革的路径、模式与启示［J］．中国高教研究，2007（5）：34-36.

[11] 彭庆红，李慧琳．从特殊照顾到趋同管理：高校来华留学生事务管理的回顾与展望［J］．河南师范大学学报（哲学社会科学版），2012，39（5）：241-245.

[12] 王健．构建以法律职业为目标导向的法律人才培养模式：中国法律教育改革与发展研究报告［J］．法学家，2010（5）：138-155.

[13] 李祯海．"互联网+"背景下高校教育管理模式的变革与创新［J］．黑龙江教师发展学院学报，2023，42（4）：12-15.

[14] 张志强，邓佳玫．疫情防控下高校"1421"学生教育管理模式的实践研究［J］．吉林农业科技学院学报，2023，32（2）：51-54.

[15] 王伟军，王玮，郝新秀，等．网络时代的核心素养：从信息素养到网络素养［J］．图书与情报，2020（4）：45.

[16] 李梦莹．大学生网络素养及其提升路径研究［J］．江苏高教，2019（12）：135.

[17] 张力．网络强国目标下公民网络素养培育研究［J］．学校党建与思想教育，2023（9）：52.

[18] 魏薇，刘洋，毛萍．融媒体时代青年网络流行语的失范与规制［J］．黑龙江教育（理论与实践），2022，76（8）：25.

[19] 侯玉莹，梁惠娥．当代大学生网络素养培育路径探索［J］．中国高等教育，2022（19）：40.

[20] 缪晨熙．新时代高校大学生网络素养教育提升对策研究［J］．黑龙江教育（理论与实践），2024（03）：71-74.